CUERPO DE BATALLA

m. r. schwabe

Cuerpo de Batalla

m. r. schwabe

Cuerpo de Batalla©

Segunda Edición

Primera Edición: Mayo, 21 2022

Segunda Edición: Junio, 14 2022

Autor: M. R. Schwabe ©

Ilustraciones: M. R. Schwabe©

Diseño de Cubierta: M. R. Schwabe©

Diagramación: M. R. Schwabe©

Edición: M. R. Schwabe©

Formato: Paperback

Derechos Reservados.

ISBN: 9798836224424

Número de Copyright: TXu002294975

Se prohíbe la reproducción total o parcial de este poemario en cualquier medio. El contenido de esta obra está protegido por ley. Esta es una obra artística registrada en la Oficina de Copyright de la Librería del Congreso.

Índice

Prólogo — 10

Nota del Autora — 12

Ruta del libro — 17

Génesis — 18
- Mi Dios Carnal — 20
- Génesis — 22
- Bautizo — 24
- Castillos interestelares — 26
- El nacimiento de nuestras caricias — 28
- El beso de la luz — 30
- La voz del universo — 32
- Tu carne, mi cielo — 34
- Hoguera del placer — 36
- Eterno retorno — 38
- Tu dominio — 40

Arma-Calma — 42
- Entre cárceles y huidas: tú y yo — 44
- Besos como balas — 46
- Caricias de cenizas — 48
- Dualidad esperanzada — 50
- Ecos de ti — 52
- El fuego de tu voz ardiente — 54
- La niña que fui entre tus dedos — 56
- Mantis Religiosa — 58
- Mi desnudez en una herida — 60
- Nuestro amor en una cicatriz — 62

Tu reino y dominio	64
Causiausencias I	65
Causiausencias II	66
Causiausencias III	68
Las caricias de las cicatrices	69
Conflicto bélico	70
Recuerdos de amapolas	71
Herida	72
Dudas	73
Tu diaria ausencia	74
Suicidios a medias	75
Armisticios	76
Mi cuerpo, tu patria	77
Intermitencia inconcreta	78
Hacer el (des)amor	79
Hacer el amor	80
Nacer entre tus golpes	81
Autodescubrimiento	82
Mi salvador	83
Desarmada	**84**
Metrallas del alma	86
Desesperanza en un misil	89
Tus tropas en mi territorio	90
Declaración de guerra	92
Saqueos	93
Moribunda	94
Derrotada	96
Huesos enamorados	97

Tus victorias	98
Desarmada	100
El sabor de una mañana después del combate	102
Necesidad de un tratado de paz	104
Súplicas al vacío	106
Todavía enamorada	108
Aferrada	110

Cicatrices de guerra — **112**
Dignidad desnuda	114
Desahuciada	116
¿Existo?	118
Corpus delicti	120
Cuerpos semiausentes	122
Entre hogueras sin hogar	124
Falsas armonías	126
Murallas inertes	128
Prisionera	130
Recuerdos (des)esperanzados	132
Soy una ausente	134
Perdones	135
Existencia perdida	136
Entre un somos y un soy	137
Ataduras	138
Seducida	139
El oficio de necesitarte	140
Tartamuda	141

Detonantes — **142**
—Opinión maternal	143

Coro poético en respuesta a la opinión maternal	144
—Opinión paternal	145
Coro poético en respuesta a la opinión paternal	146
—Opinión de la "justicia"	147
Coro poético en respuesta a la opinión de la "justicia"	148
—Opinión fraternal	149
Coro poético en respuesta a la opinión fraternal	150
—Opinión del yo adoctrinado	151
Coro poético en respuesta a la opinión del yo adoctrinado	152
—Opinión del terapeuta sesgado	153
Coro poético en respuesta a la opinión del terapeuta sesgado	154
—Opinión divina	155
Coro poético en respuesta a la opinión de la opinión divina	156
Jaque al rey	**158**
Reconquista	160
El nacimiento de una primavera	161
Florecida	162
Las flores que dejaron de ser balas	165
Diosa	166
Mi propio refugio	167
El nacimiento de mis propias caricias	168
Roturas del silencio	169
Queda prohibido callar	170
Ave fénix	172

Renacer	174
Reino florecido	176
Autodescubrimiento	178
Gritos (no) heridos	180
Volver a mí	182
Mi declaración de paz	183
Dignidad	184
Olvidos selectivos	185
Lamer heridas	186
Orgasmo explosivo	187
Exiliado	188
Lo que queda prohibido	189
Autoestima	190
Libertad Aparente	191

Sobre la autora — **192**
   Biografía — 194

Epílogo — **198**

Agradecimiento — **200**

Dedicatoria — **202**

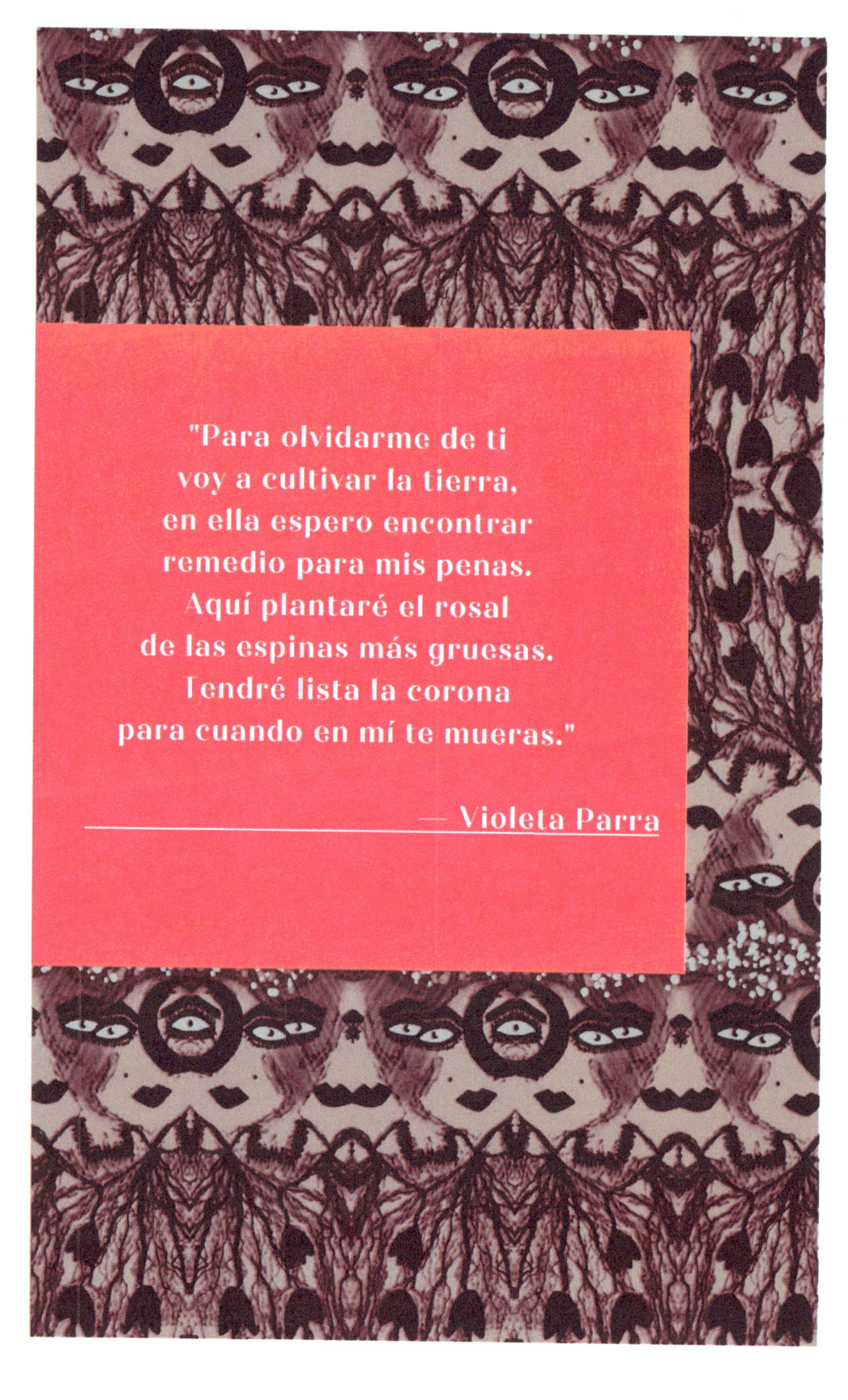

"Para olvidarme de ti
voy a cultivar la tierra,
en ella espero encontrar
remedio para mis penas.
Aquí plantaré el rosal
de las espinas más gruesas.
Tendré lista la corona
para cuando en mí te mueras."

— Violeta Parra

Prólogo

Cuerpo de Batalla es más que un poemario pues es un reflejo íntimo y desgarrador de la violencia contra la mujer en pleno siglo XXI. La voz poética es un grito que desvela la cortina del silencio de una sociedad que busca callar y esconder la realidad agónica de tantas víctimas del ciclo de violencia doméstica en una relación de pareja. La poeta no solo logra destapar los puntos ciegos de la historia con respecto a la violencia de género, sino que sumerge al lector en dicho ciclo de violencia doméstica con el fin de crear conciencia sobre el día a día de cada víctima. La poeta hace hincapié que se les debe llamar sobrevivientes para empoderar a toda mujer víctima del ciclo de violencia doméstica independientemente de los juicios morales a los que es sometida una vez su verdad sale al descubierto. La genialidad de este poemario reside en cómo la poeta compara el ciclo de violencia doméstica a la guerra, en especial al concepto de *jus ad bellum* y lo vincula al concepto del eterno retorno del filósofo Friedrich Nietzsche.

Dicho esto, la poeta muestra un gran dominio del uso de las figuras literarias como la sinestesia, la onomatopeya, la ironía, las metáforas, la personificación y la antítesis. Junto a ello, crea un diálogo entre los heterónimos (i.e., los cuales son las voces que juzgan a la víctima y la mantienen en la sombra del silencio) y los coros poéticos (i.e., la respuesta de la voz poética a las críticas que reciben las víctimas que se verbalizan por medio de los heterónimos). En otras palabras, la poeta en el poemario *Cuerpo de Batalla* muestra una voz poética única y sincera, así como una pluralidad de voces que asumen diferentes roles con un mismo fin: crear conciencia sobre el maltrato y el rechazo de una sociedad que le da la espalda a la mujer víctima de maltrato. Cuando los heterónimos dialogan con los coros poéticos en la parte del poemario titulada «Detonantes», la multiplicidad de voces es un eco de una sociedad que necesita levantarse y dejar de ser ciega ante el dolor de las víctimas que muchas veces resulta en la muerte de las mismas. Por ende, la voz poética transmite una crítica social punzante que lleva al lector a los límites de sus prejuicios.

Cuerpo de Batalla es un poemario único donde las ilustraciones de la poeta a su vez dialogan con sus poemas en cada parte. El poemario sigue un orden en específico que facilita el entendimiento del ciclo del maltrato y la posible liberación de dicho ciclo violento. La poeta busca enriquecer su voz poética con una investigación exhaustiva realizada sobre dos ciclos de violencia doméstica propuestos por diversas psicólogas. El dominio de la poeta sobre el tema es evidente, además de su innovación poética que resulta admirable. Un ejemplo de ello es el juego de palabras en el espacio de la página; por ende, parecería que el poema habitara la página donde se encuentra y esto fuerza al lector a adentrarse al poemario en sí. Otro ejemplo de ello es cómo la poeta muestra las dudas de las víctimas por medio de la tipografía. Ello provoca que el lector pueda sentir y escuchar en el fondo el sufrimiento que tantas víctimas callan en sus tantos intentos de huida. Es indudable que la autora muestra una gran solidaridad hacia las mujeres maltratadas sin recurrir a dramatismos innecesarios. En el poemario *Cuerpo de Batalla*, el silencio se rompe en mil pedazos y jamás ha hecho tanto ruido el quejido silente de nuestras congéneres.

Dynainah Folks, M.A.
Autora de *Sackelie*

Nota de la Autora

Existen miedos tan atroces que crean nudos en la garganta y devoran las entrañas del ser. Hay silencios cobardes que se vuelven cómplices de los golpes. Hay gritos que solo se escuchan al estar metros bajo tierra o al descubrir las cenizas de una vida a la que se le negó justicia. Hay llantos que son lápidas donde ríen en nuestros ojos los Judas del alma. Día tras día, la valentía se vuelve esquiva después de cada intento de huida cuando apenas podemos tartamudear las verdades que queman–poco a poco–la piel que se habita sin vivir. Hay huidas que solo son un «hasta luego», pero no dejan de ser heroicas porque son muestra de intentos de salvación. Entonces apuñalan los «te amo» cuando las caricias conducen al comienzo de una guerra en donde alguna vez hubo solo amor.

Cuerpo de Batalla es un poemario que busca exponer el diario vivir de una víctima de violencia de género en una relación de pareja. Los poemas a continuación nacen con el propósito de mostrar–por medio de la voz poética–la interrelación entre el ciclo de violencia en una relación de pareja y la guerra (i.e., específicamente el concepto de *ius ad bellum*). Además, se compara el ciclo de violencia al concepto del "eterno retorno" que plantea el filósofo existencialista, Friedrich Nietzsche. El propósito de estos poemas en concienciar sobre cómo el ciclo de la violencia de género es comparable–según algunos psicólogos–a la tortura, ya que el ciclo de violencia puede llevar a la víctima a sufrir de lo que se conoce como indefensión aprendida.

Cada poema sigue un orden en particular con el fin de mostrar el daño emocional que la víctima sufre en el ciclo de violencia, Por ende, cada parte de este poemario corresponde a cada etapa del ciclo de violencia en una relación de pareja. (Véase Figura 1 para la ruta literaria del poemario *Cuerpo de Batalla*). Para lograr esto, se analizaron detalladamente tanto el modelo de ciclo de violencia en una relación de pareja propuesto por la Dra. Leonor Walker, así como el propuesto por la Dra. Karen Landenburger (i.e., este modelo incluye una etapa de recuperación conocida como "etapa del desenganche"). (Véase Figura 2 para la comparación de ambos modelos del ciclo de violencia).

La primera parte del poemario *Cuerpo de Batalla* titulada «Génesis» introduce al lector al origen de la guerra, la etapa de enamoramiento. La víctima ve al ser amado como un dios y creador de su universo. En esta parte, el yo lírico busca introducir al lector y adentrarlo al ciclo de violencia. Es por ello que aquí los poemas buscan que el lector sienta el gran amor que la voz poética le profesa a su amado (i.e., su verdugo). Los poemas de «Génesis» buscan desenmascarar las grandes ofrendas de amor que muestra el agresor para posteriormente poder manipular a la víctima (quien en esta etapa no sospecha nada).

«Arma-Calma», la segunda parte del poemario, es una reflexión que contrasta drásticamente con «Génesis» pues nacen las tensiones que provocan el estallido de la guerra. En otras palabras, es un preámbulo para la verdadera—y más nefasta—guerra para la víctima. Los poemas buscan ilustrar—por medio de la voz poética y las ilustraciones—las condiciones de miedo y pánico en las que se encuentra la víctima aun en los periodos de calma en la relación de pareja con el agresor. «Arma-Calma» se entrelaza con el concepto de trabajo de la tercera parte del poemario titulada «Desarmada». Se busca que el yo poético exponga y muestre el perfil de la mujer maltratada desde el inicio del poemario. Ello también puede apreciarse en «Arma-Calma».

En «Desarmada», el amor conduce obligatoriamente a la declaración de guerra por parte del agresor hacia la víctima quien, a pesar de los golpes, le sigue amando. «Desarmada» es un conflicto armado, un enfrentamiento entre desiguales en una relación de pareja donde la víctima se encuentra presa en el ciclo de violencia. Es en esta parte donde la guerra es una metáfora del maltrato. Esta guerra, tiene batallas independientes que son una muestra de las batallas diarias de la víctima al lado de la pareja-agresora.

«Cicatrices de Guerra», la cuarta parte del poemario, muestra los restos de una guerra (des)enamorada. Es decir, «Cicatrices de Guerra» se centra en los efectos psicológicos de la posguerra en la víctima; por ende, su objetivo es que la voz poética denote el severo impacto emocional y físico de la guerra en la salud mental de la víctima. «Cicatrices de Guerra» gira también en torno a los intentos de huida de la víctima y su soledad ante los mismos. Con respecto a lo anterior, resulta menester señalar que «Cicatrices de Guerra» busca expresar las paradojas entre el querer seguir en el ciclo de violencia por el amor que todavía se siente hacia el agresor y querer huir de la situación tortuosa que vive la víctima en su diario quehacer. Ello tiene el propósito de manifestar que no debemos juzgar a la víctima sino entender la indefensión aprendida y su miedo, pues el ciclo de violencia provoca severas angustias emocionales, pérdida de autoestima e incluso identidad, así como también llevar a la depresión extrema que paraliza. «Cicatrices de Guerra» evidencia que se puede tener vida, pero solo saber que se existe porque los golpes duelen menos que respirar.

La quinta parte del poemario *Cuerpo de Batalla* titulada «Detonantes» introduce al lector a un diálogo entre los heterónimos y el coro poético del yo lírico. Los heterónimos se utilizan para dar eco a las voces que buscan callar la valentía de las víctimas y ponen en entredicho la verdad de cada una de las mismas. En «Detonantes», se desnuda la opinión predominante de la madre, del padre, del amigo, de la "justicia", del terapeuta sesgado, del qué dirán (i.e., el yo adoctrinado), entre otras. Los coros poéticos son la herramienta que utiliza la voz poética para contestar y refutar la crítica infundada—expuesta por medio del uso de los heterónimos— de las diversas personas en la vida de la víctima que la sumergen más en el ciclo de la violencia. Dichos coros poéticos contestan con una feroz denuncia social a aquello que se expone mediante el uso de los heterónimos. Ello crea una pluralidad de voces con el fin de destapar la verdad de una sociedad que le da la espalda a las víctimas. Con respecto a la feroz crítica social, en síntesis, «Detonantes» presenta las diferentes batallas que tiene que luchar la víctima en el ciclo de violencia doméstica para liberarse de su opresor, quien muchas veces es el más defendido por la sociedad. Esta parte es la piedra angular de *Cuerpo de Batalla* porque aquí reside la semilla que puede existir en cada uno de nosotros para salvar a alguna persona presa y víctima del ciclo de violencia en una relación de pareja.

Finalmente, la sexta parte del poemario *Cuerpo de Batalla* titulada «Jaque al Rey» es una metáfora de la "etapa de desenganche" propuesta por la Dra. Karen Landenburger. En otras palabras, aunque la voz poética no sigue en el ciclo de violencia doméstica, los poemas de «Jaque al Rey» denotan un patrón o ciclo que se rompe con esta superación, atando así el ciclo de violencia doméstica al plan de recuperación de la víctima ideado por la Dra. Landenburger. «Jaque al Rey» busca enseñar que se puede huir del ciclo de violencia y renacer. Esta parte se caracteriza por la lucha por superarse de la víctima y sentir que vuelve a tener control sobre su vida. Sin embargo, se expresan las dudas de la víctima en dicha parte sobre si podrá tener la fortaleza–después de lo llorado y sufrido–de no regresar al ciclo de violencia. «Jaque al Rey» tiene como fin despertar la necesidad de la búsqueda de amor propio por parte de la víctima y romper con el silencio que pesa más que los daños.

Te creo a ti que tienes la valentía de leer este poemario que es un llamado a que te atrevas a contar tu verdad. En el ciclo de violencia existe una sola verdad pues por más que maquillemos los golpes, la única verdad es el dolor de tus heridas. Nunca es tarde para huir o contar tu verdad. Este libro es mi súplica a que abraces tu amor propio y seas la mujer guerrera y valiente que naciste para ser. No naciste para ser esclava del ciclo del maltrato. No importa cuántas veces hayas tratado de huir y no lo hayas logrado. Lo importante es que escapes y te salves a ti, mujer guerrera. Estos versos son para ti y para todos aquellos que tienen la osadía de no creerte a pesar de tus moretones, heridas y cicatrices físicas y emocionales. Tu llanto ahogado se encuentra entre las páginas de este poemario, en donde cada poema es el clamor sufriente de todas las víctimas en un solo grito que reclama justicia. El poemario *Cuerpo de Batalla* es mi esperanza de saber que mañana amanecerás con vida y que le nacerán alas a tu valentía para besar la libertad de amarte a ti misma porque, aunque fuiste la víctima de tu agresor, eres una sobreviviente.

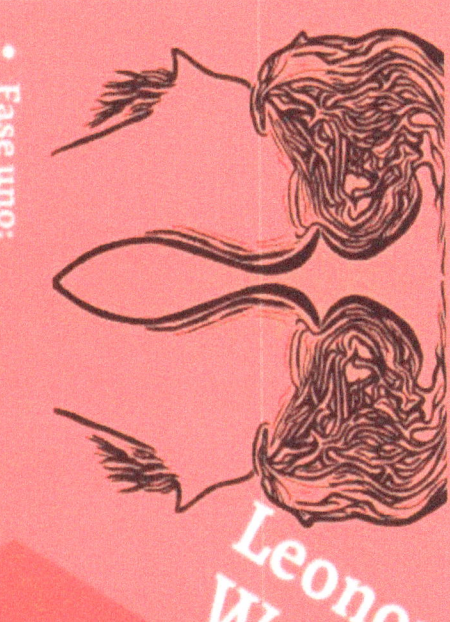

CICLO DE VIOLENCIA EN LA PAREJA: VICTIMA-AGRESOR

Leonor Walker

- **Fase uno:**
  - Acumulación de tensiones
- **Fase dos:**
  - Explosión o Incidente Agudo
- **Fase tres:**
  - Respiro de calma y cariño o Tregua Amorosa

Karen Landenburger

- **Primera Etapa:**
  - De Entrega
- **Segunda Etapa:**
  - De Aguante
- **Tercera Etapa:**
  - De Desenganche
- **Cuarta Etapa:**
  - De Recuperación

GÉNESIS — 1
- Enamoramiento
- **Landenburger:** Etapa de Entrega
- **Metáfora:** Origen de la guerra

ARMA CALMA — 2
- **Walker:** Etapa de Acumulación de Tensiones
- **Landenburger:** Etapa de Aguante
- **Metáfora:** Preámbulo a la guerra

DESARMADA — 3
- **Walker:** Etapa de explosión-incidente agudo
- **Landenburger:** Etapa de Aguante (cont.)
- **Metáfora:** Declaración de la guerra

CICATRICES DE GUERRA — 4
- **Walker:** Etapa Calma-Tregua Amorosa
- **Landenburger:** Etapa de Desenganche
- **Metáfora:** Entreguerras & Posguerra

DETONANTES — 5
- Ilustrar las voces de la sociedad que culpan y responsabilizan a la víctima; Crítica social
- **Concepto de trabajo:** Heterónimos; Coros poéticos

JAQUE AL REY — 6
- Empoderamiento y liberación de víctima
- **Landenburger:** Etapa de Recuperación
- **Metáfora:** El renacer después de la posguerra

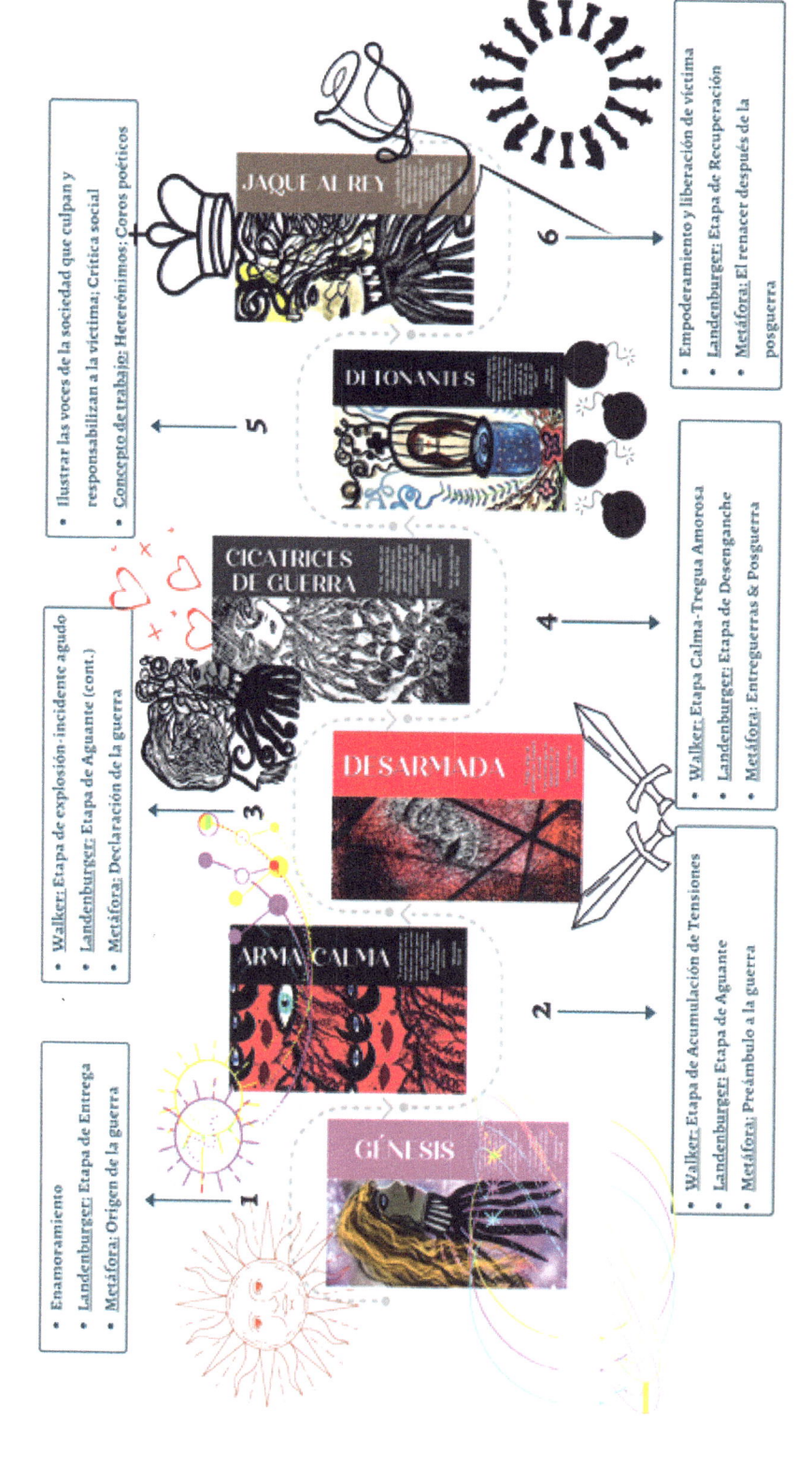

GÉNESIS

"...sólo por ver si se puede decir:
«¿es que yo soy?
¿verdad que sí?
¿no es verdad que yo existo
y no soy la pesadilla de una bestia?»

Y con las manos embarradas golpeamos a las puertas del amor."

— Alejandra Pizarnik

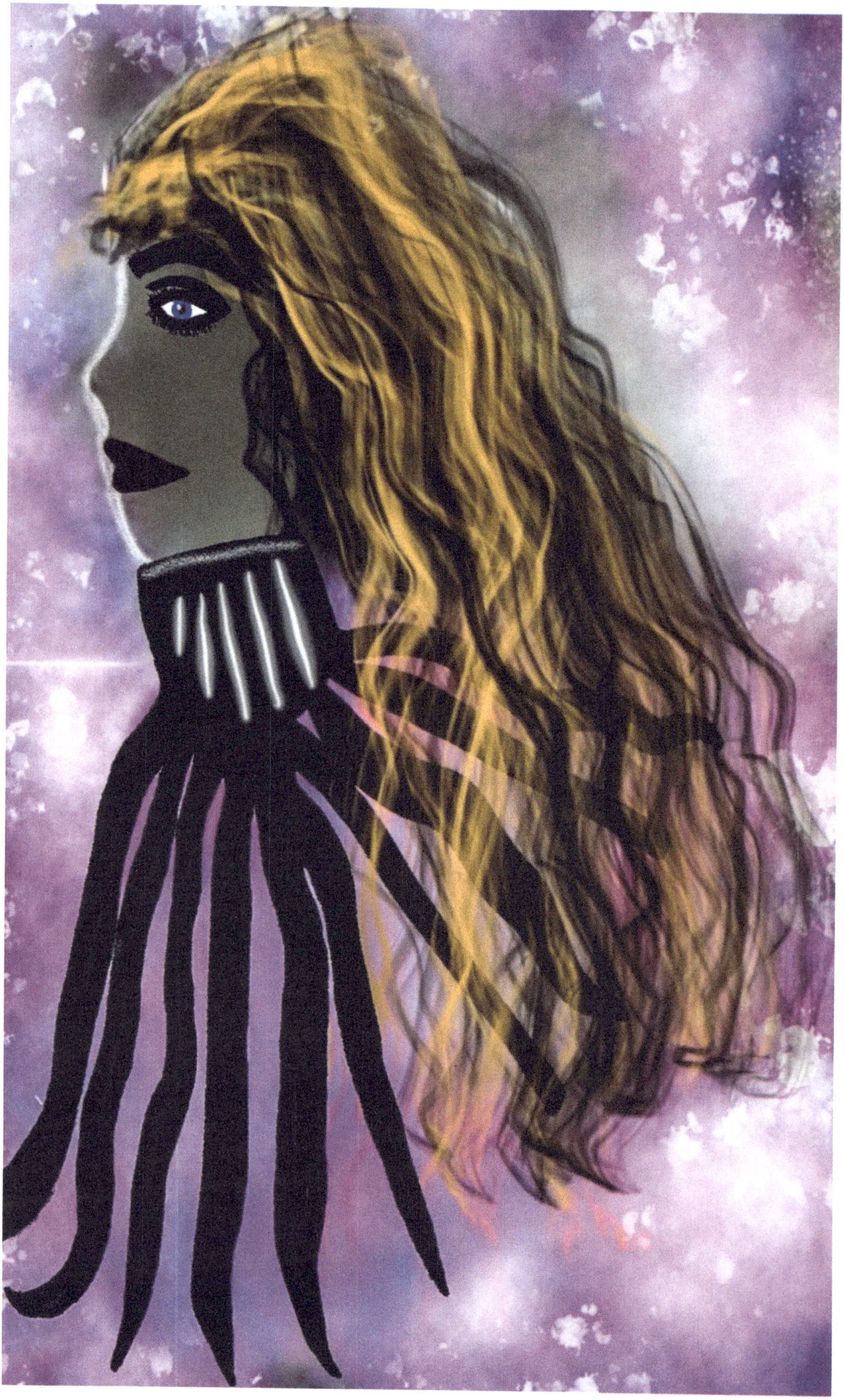

MI DIOS CARNAL

En el principio era el verbo y
el verbo era contigo y
el verbo eras tú:
mi único Dios.

En ti,
estaba la vida y
tu vida era la vida mía.

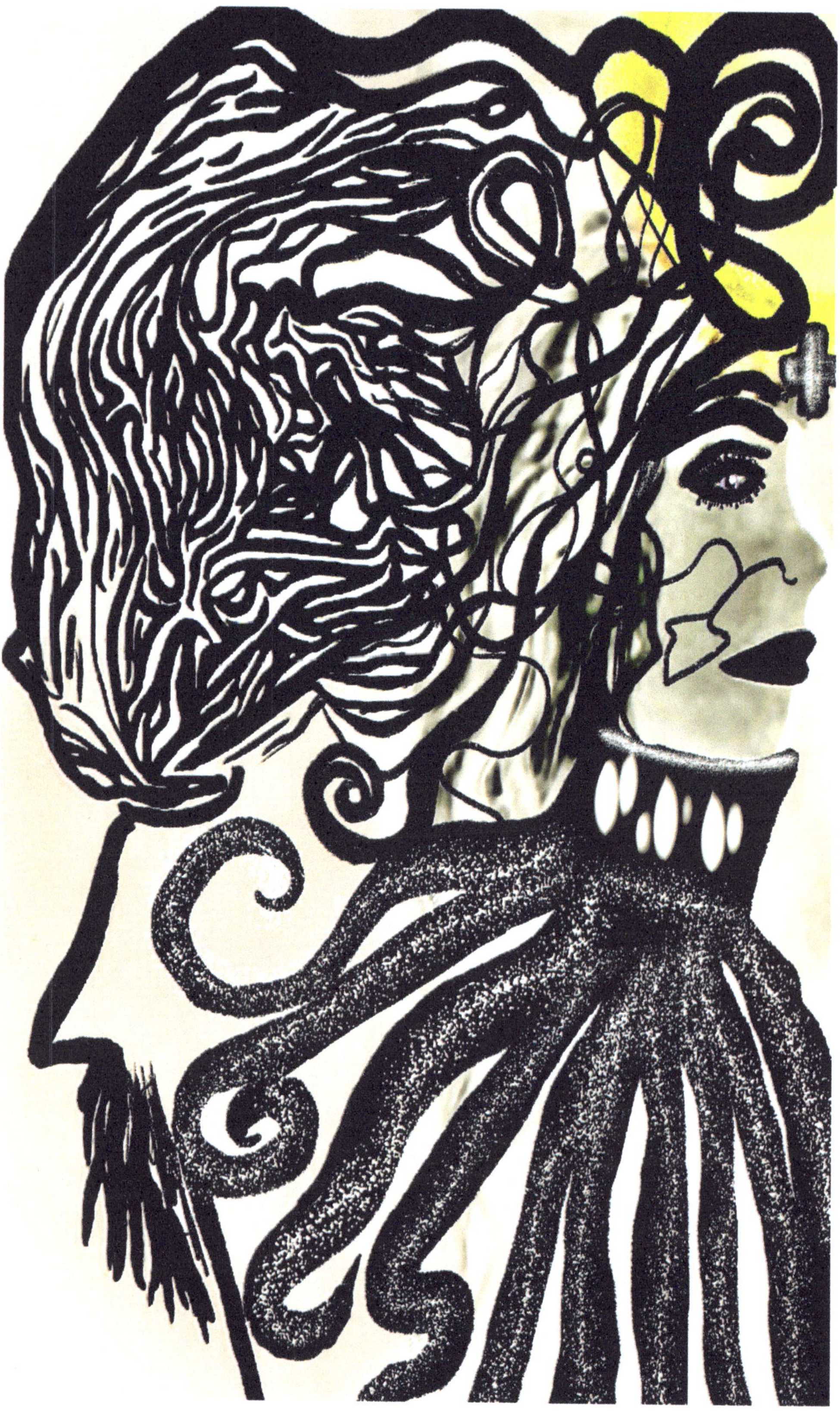

GÉNESIS

Una voz dormida despertaba
mi sed
                                          de ti.

Mi deseo se hizo carne y
la palabra fue creando piel
en el cielo
de cada uno de nuestros universos.

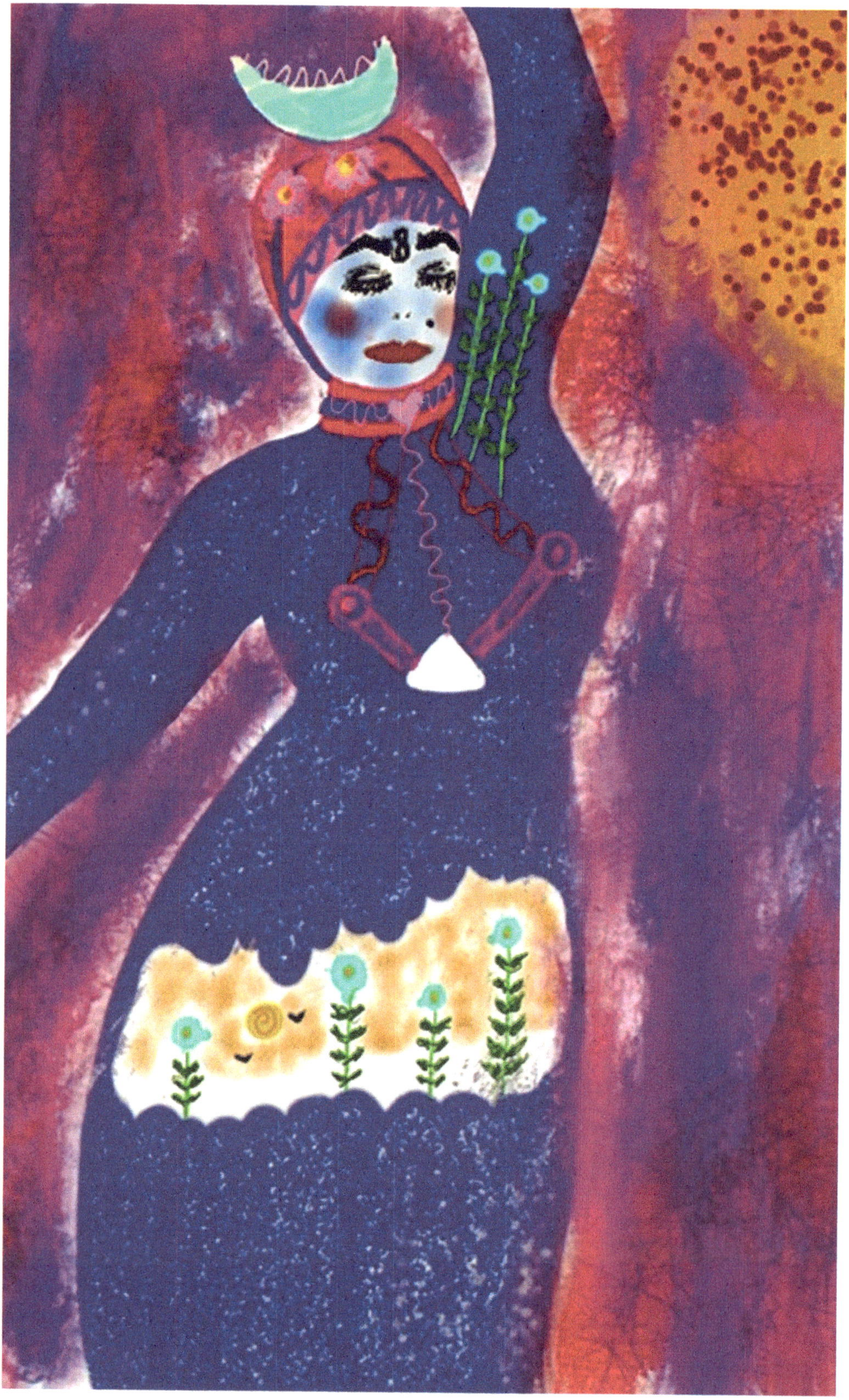

BAUTIZO

Nací cuando estallaste dentro de mí
como nacen las estrellas:
violentamente...
de polvo
a luz.

Y con las manos de Dios
me ungiste con toda la miel del universo.

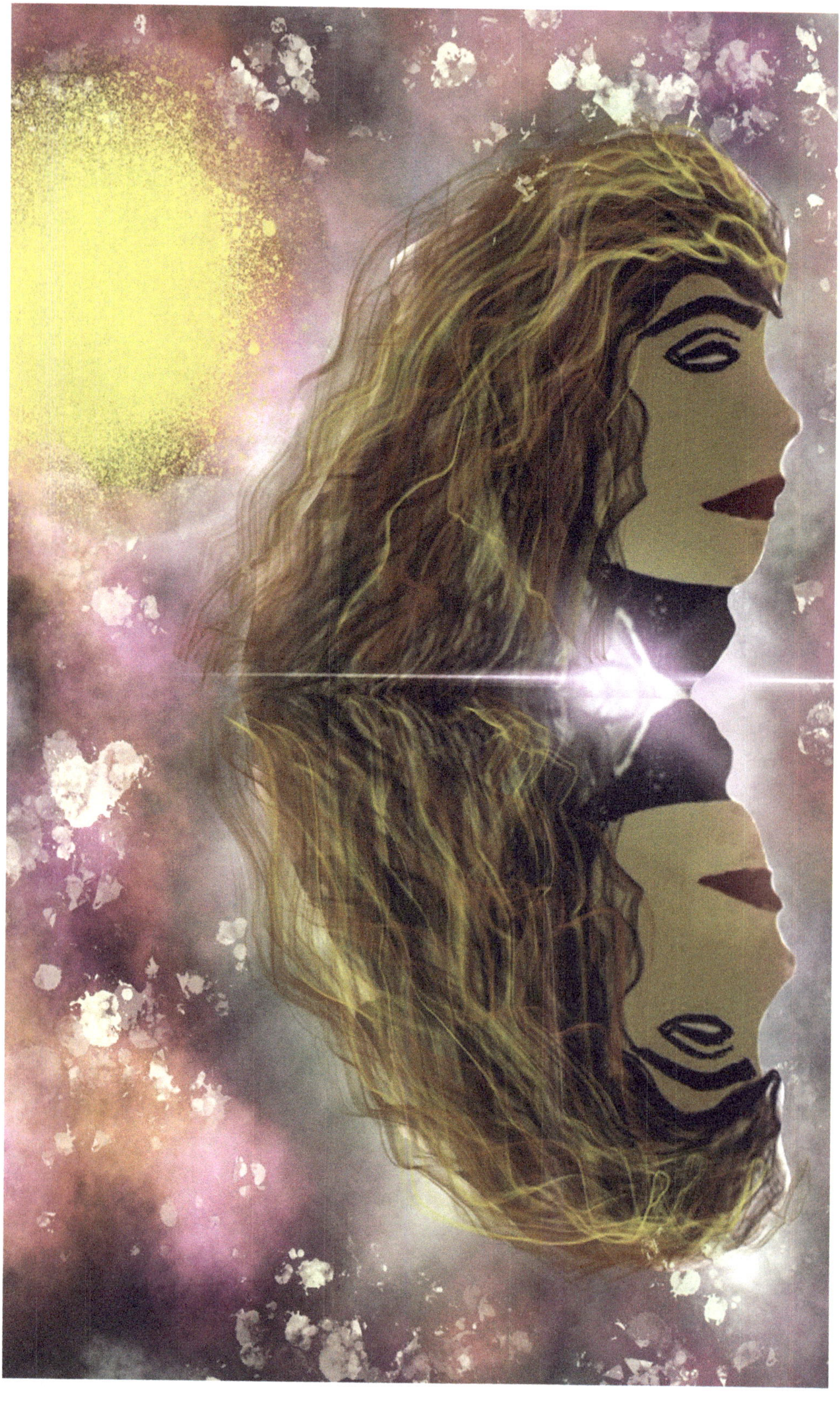

CASTILLOS INTERESTELARES

Besarte fue hacer hogar en el sol y
probar el sabor de un cometa.

Eres un estallido de luz interestelar
                                                dentro de mí

y todas las vías lácteas que convergen
al incendiarme.

Saberte mío fue atrapar los universos
                                                de mi vientre

que hiciste nuestros.

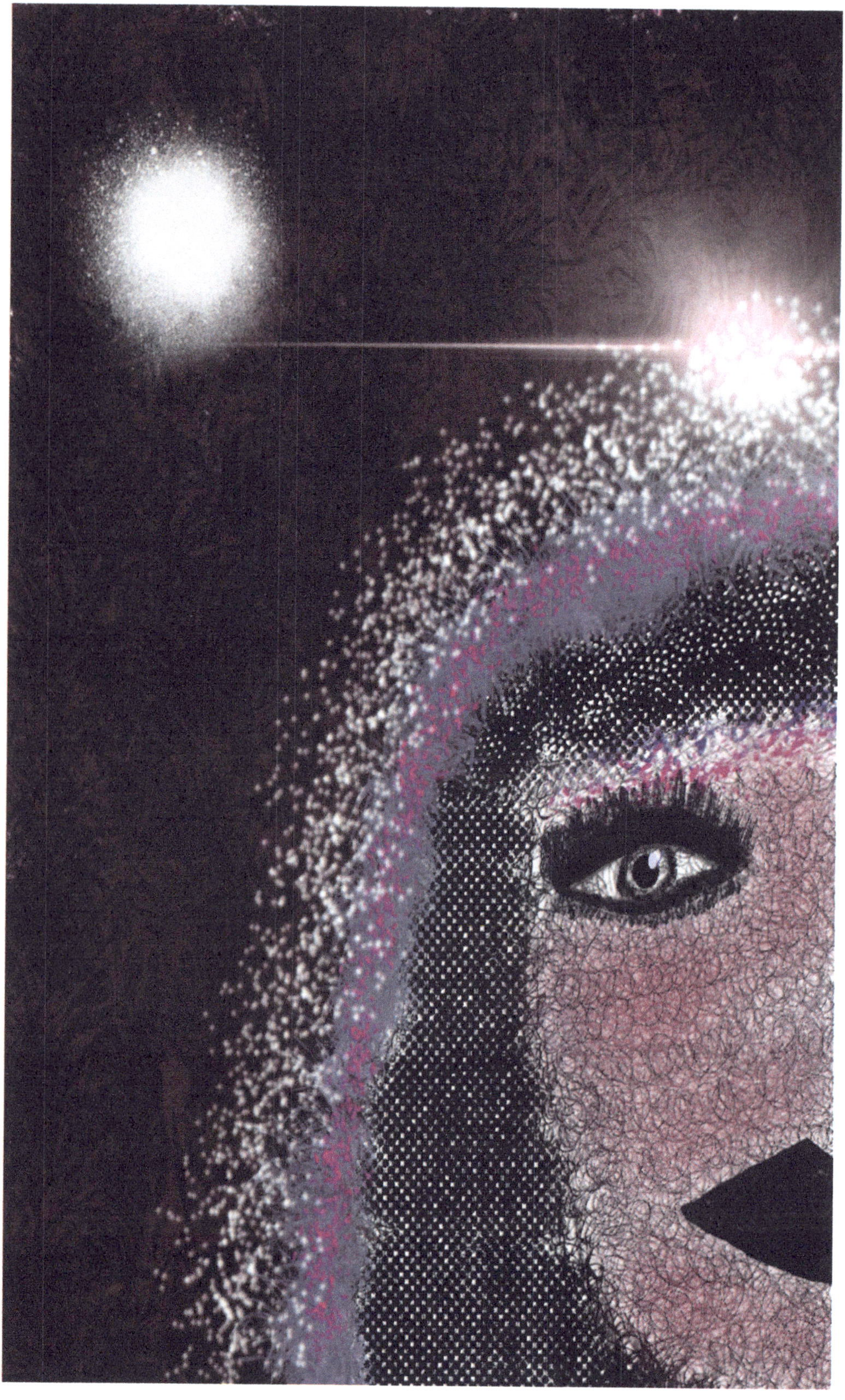

EL NACIMIENTO DE NUESTRAS CARICIAS

Acariciarte fue sentir
que arrullabas todas mis fronteras
y besabas
todas mis estrellas.

Entonces entendí lo que era caminar sobre el sol y
saborear el perfume de las estrellas fugaces.

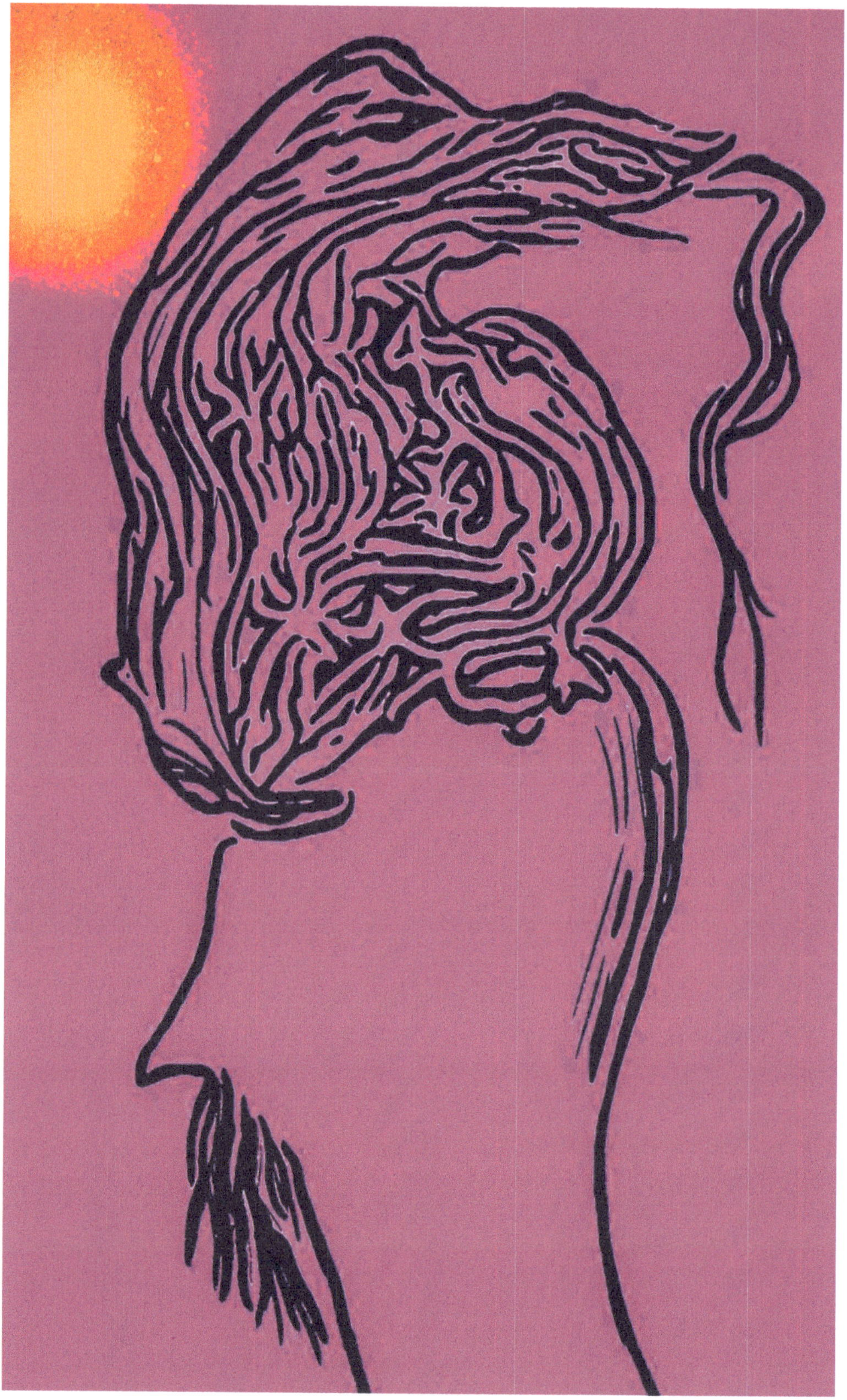

EL BESO DE LA LUZ

Somos las reacciones nucleares
dentro del núcleo de las estrellas.

Mientras más violentos,
generamos la luz de toda la vía láctea
que nos arropa
y nos devora
a besos.

Dijo Dios: «Haya luz», y se hizo la luz en mi mundo
que hoy es solo tuyo.

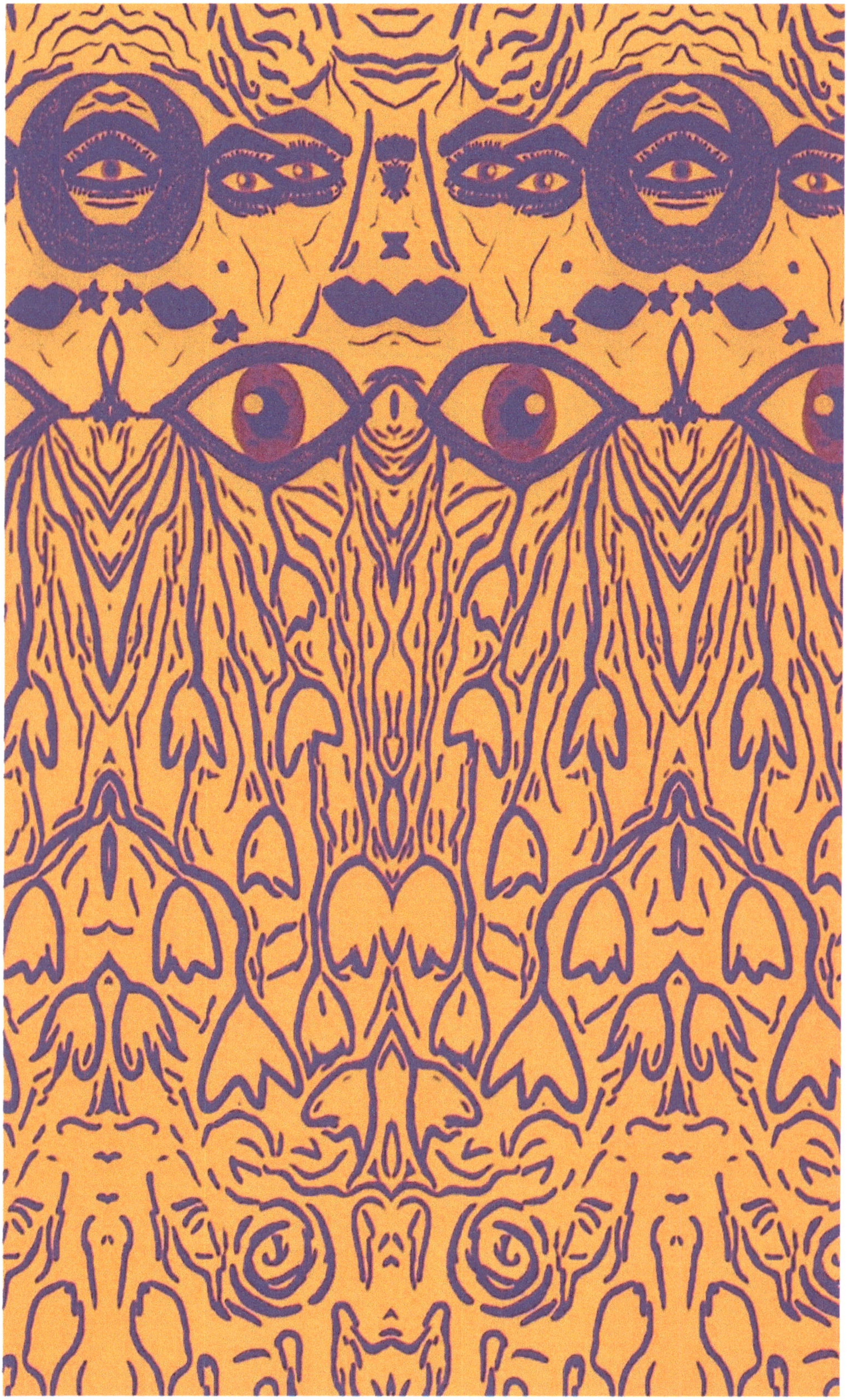

LA VOZ DEL UNIVERSO

Somos dos soles que chocan y colapsan.
Tus pasos sonoros se convirtieron en la música del universo.

Dijo Dios: «Haya sonido»
y se hizo tu voz.

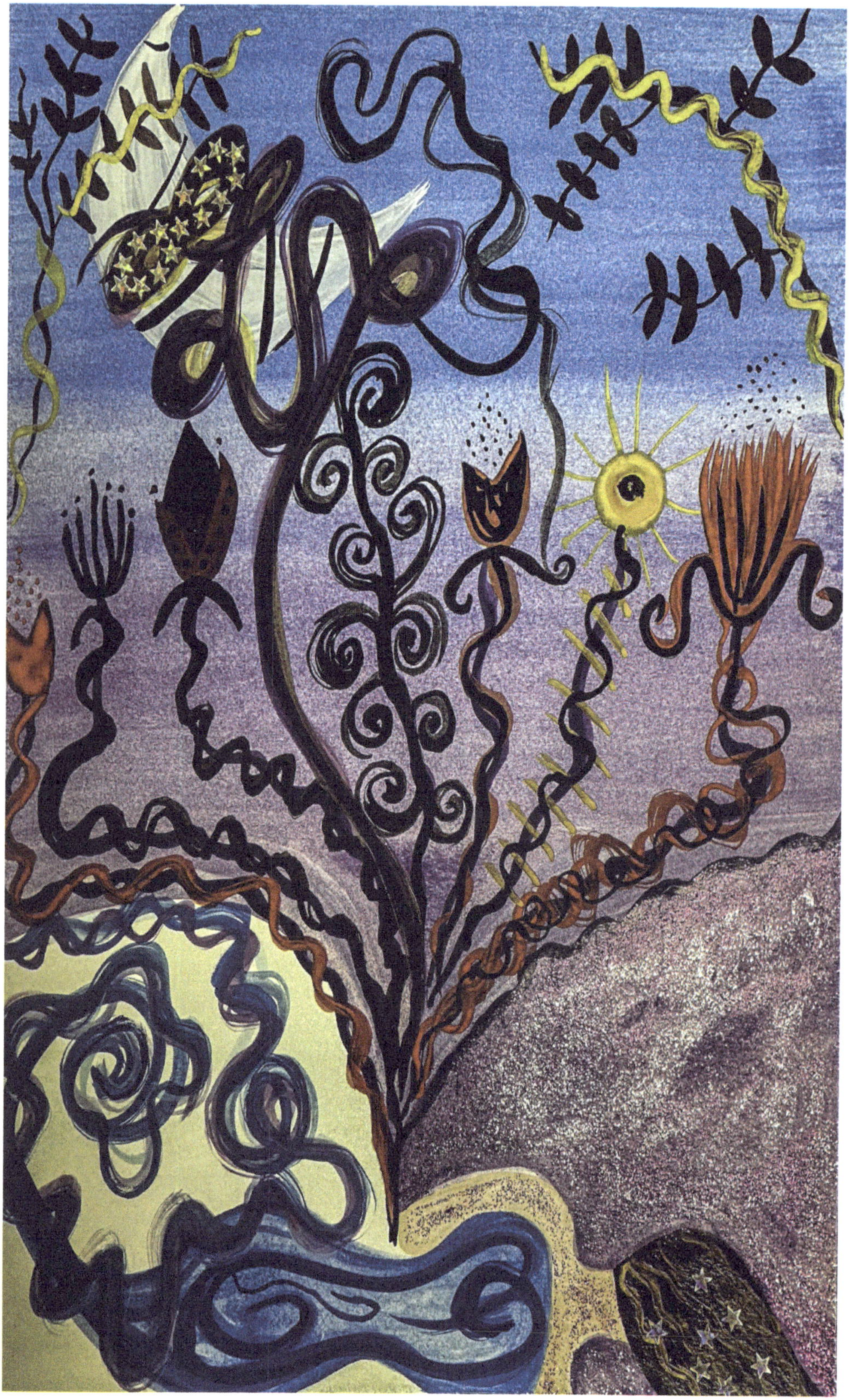

TU CARNE, MI CIELO

Recorrer tu cuerpo viril
es brincar de cometa en cometa
en un universo
cuya piel es el cielo de mi deseo.

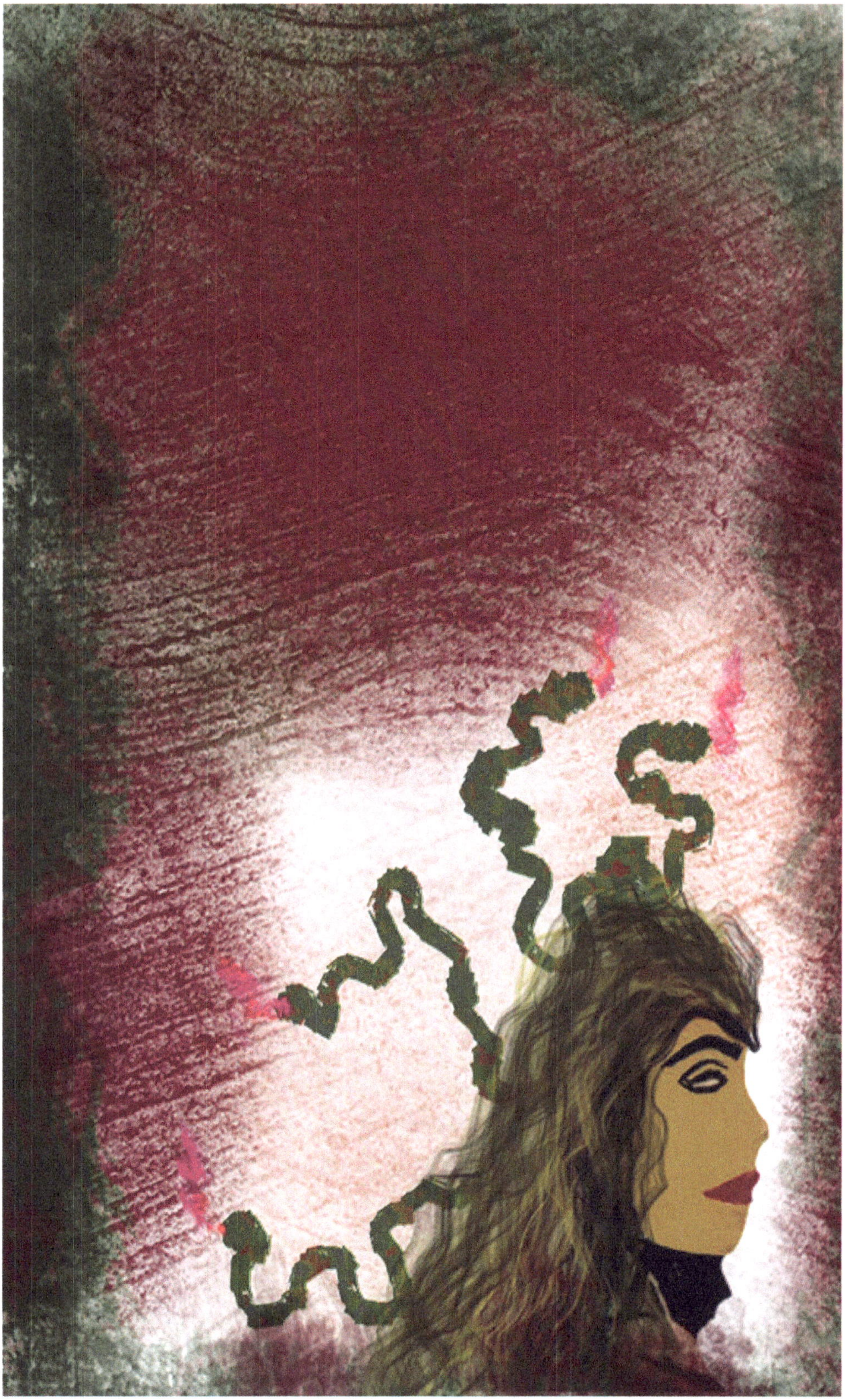

HOGUERA DEL PLACER

En la selva de mi cuerpo,
habita una indomable fiera
                                        enamorada
que huyó del cielo
solo para perseguirte a las hogueras.

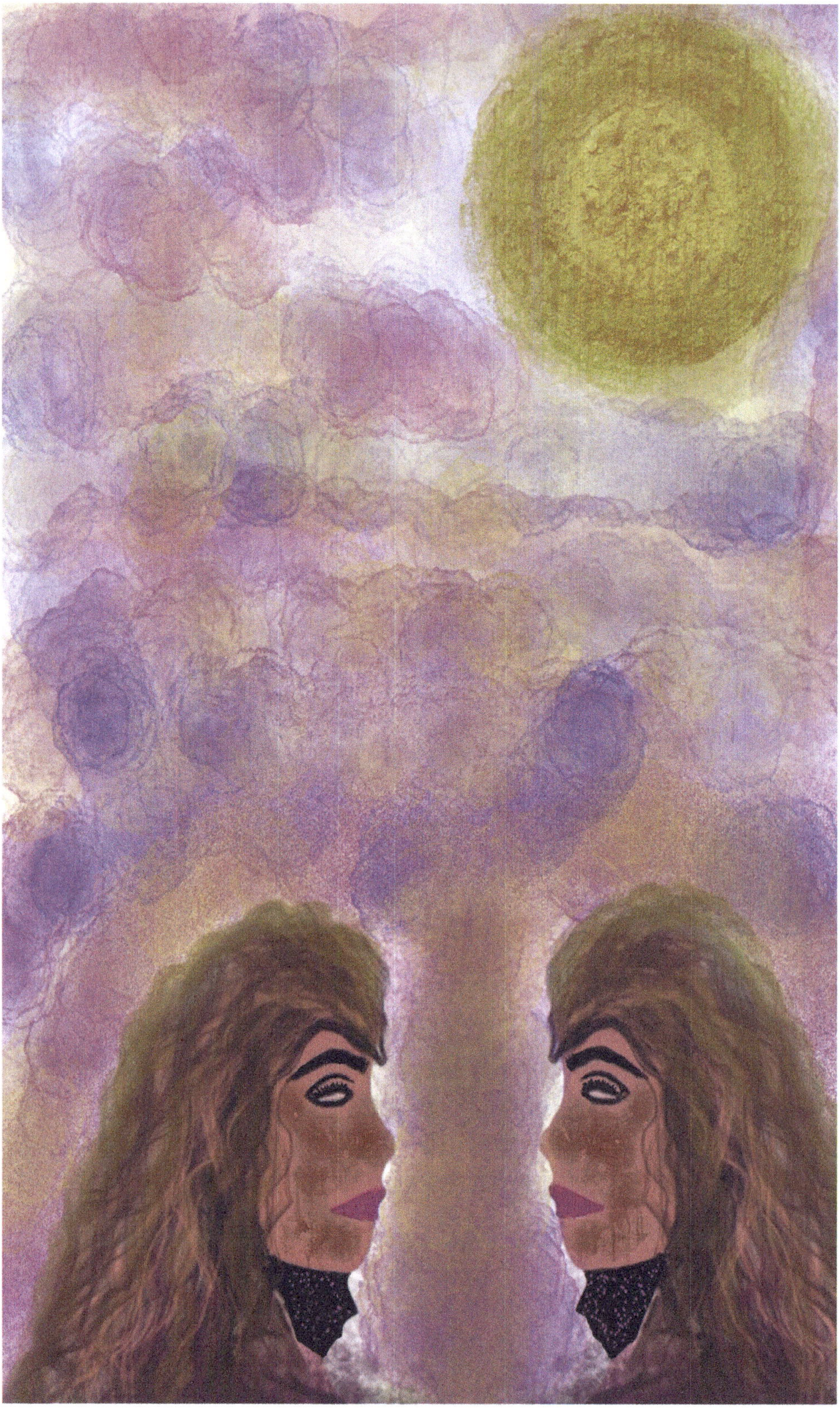

ETERNO RETORNO

Te doy mis ojos con mi alma y
mi alma con mis ojos
pues eres
todos mis principios y todos
mis finales:
mi eterno
retorno.

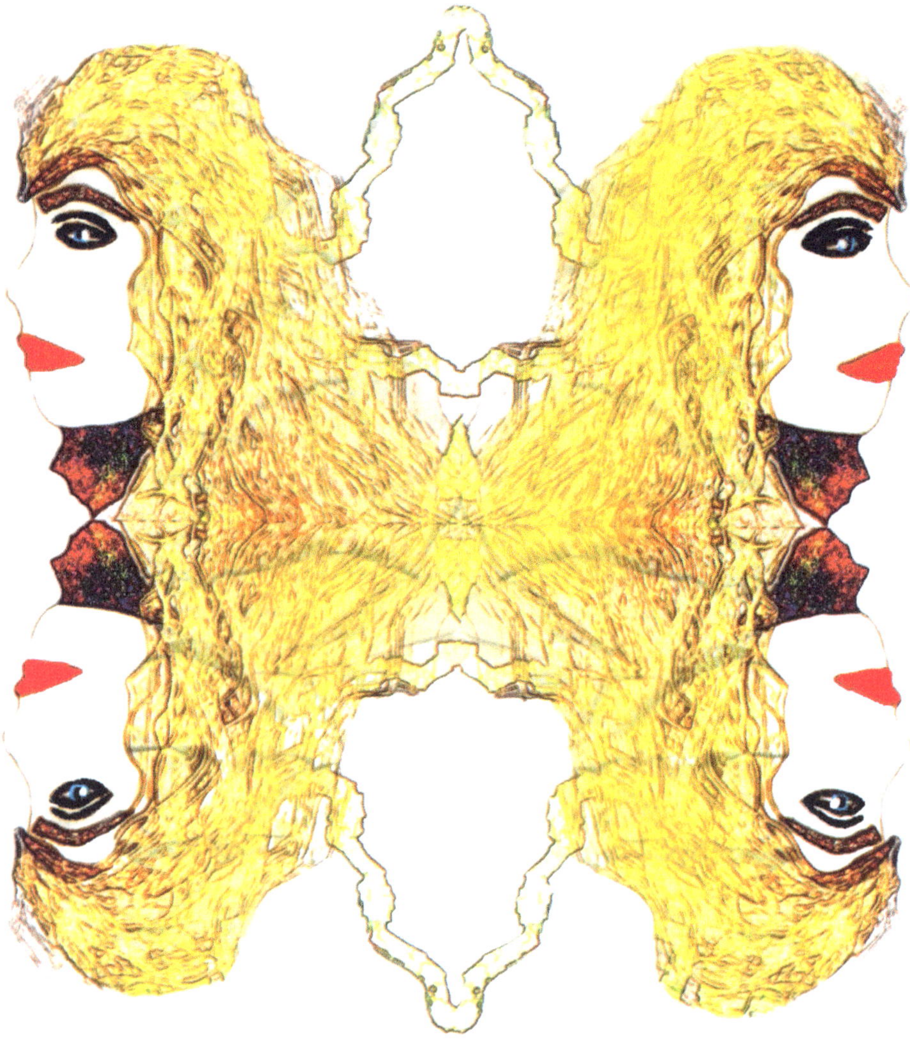

TU DOMINIO

Se hizo en mí tu voluntad.

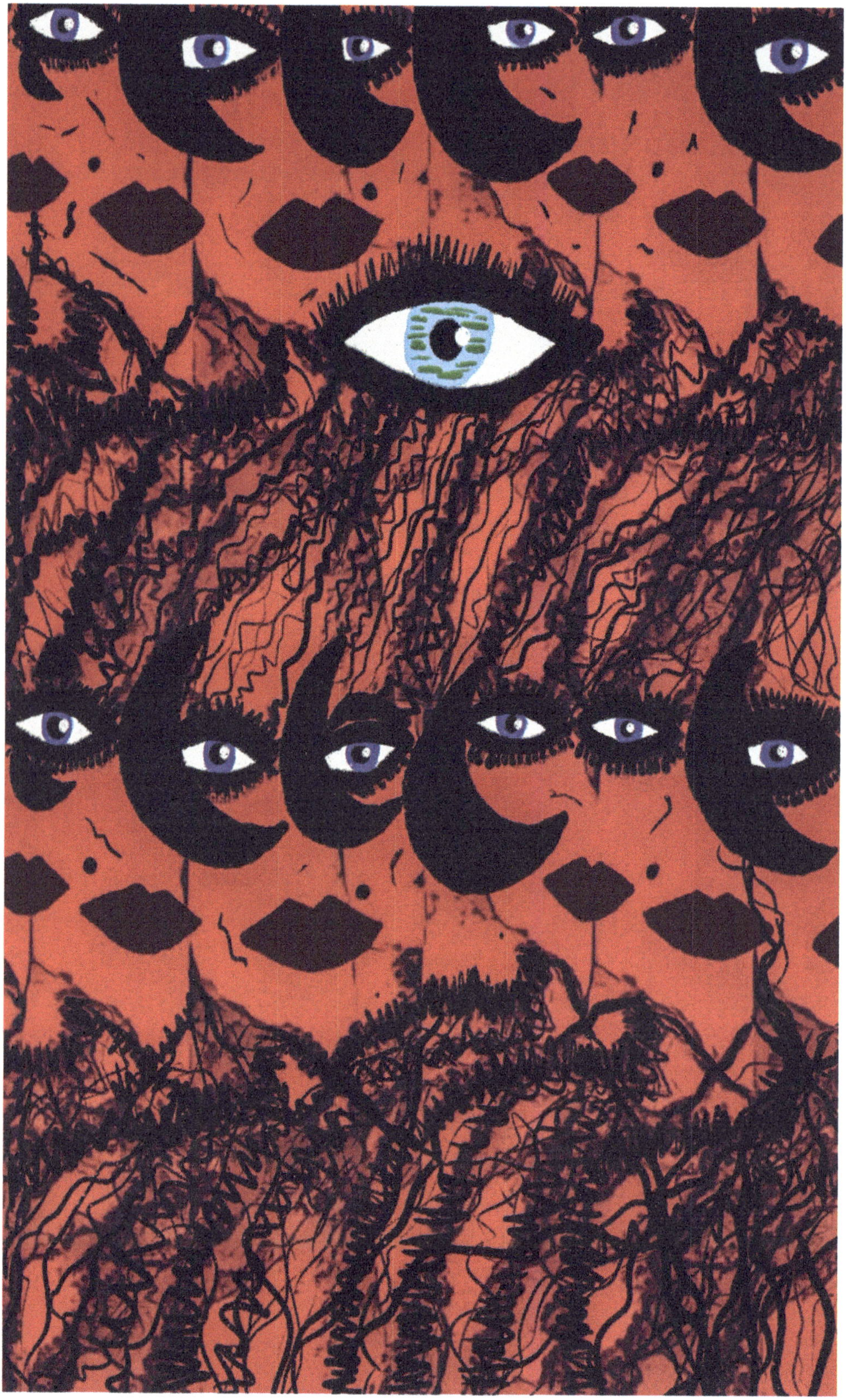

ARMA-CALMA

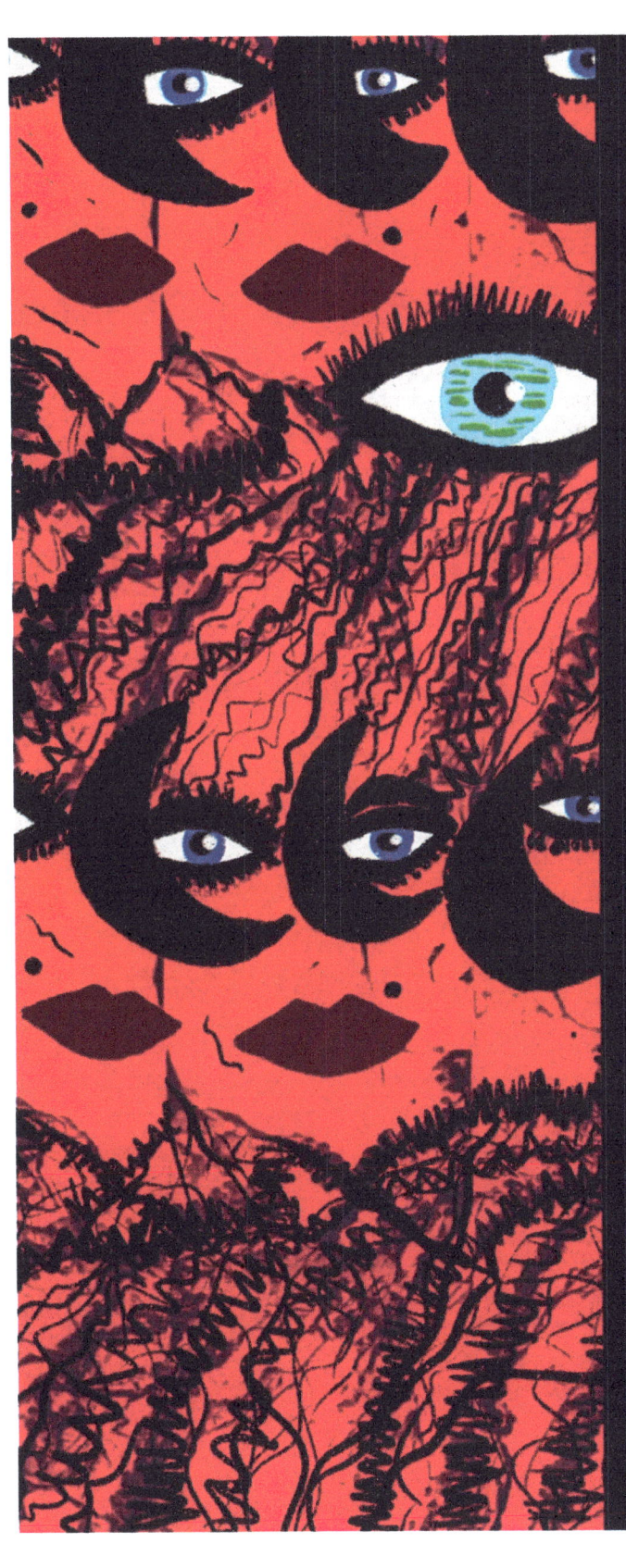

"Las palabras se secan como ríos y los besos se secan como rosas, pero por cada muerte siete vidas buscan los labios demandando aurora."

—Alfonsina Storni

ENTRE CÁRCELES Y HUIDAS: TÚ Y YO

Somos un juego a la ruleta rusa
y
~~disparas~~
~~disparas~~
~~disparas~~
~~disparas~~

un juego al esconder.

Eres mis cárceles sin salida y
mis huidas que se vuelven lápidas.

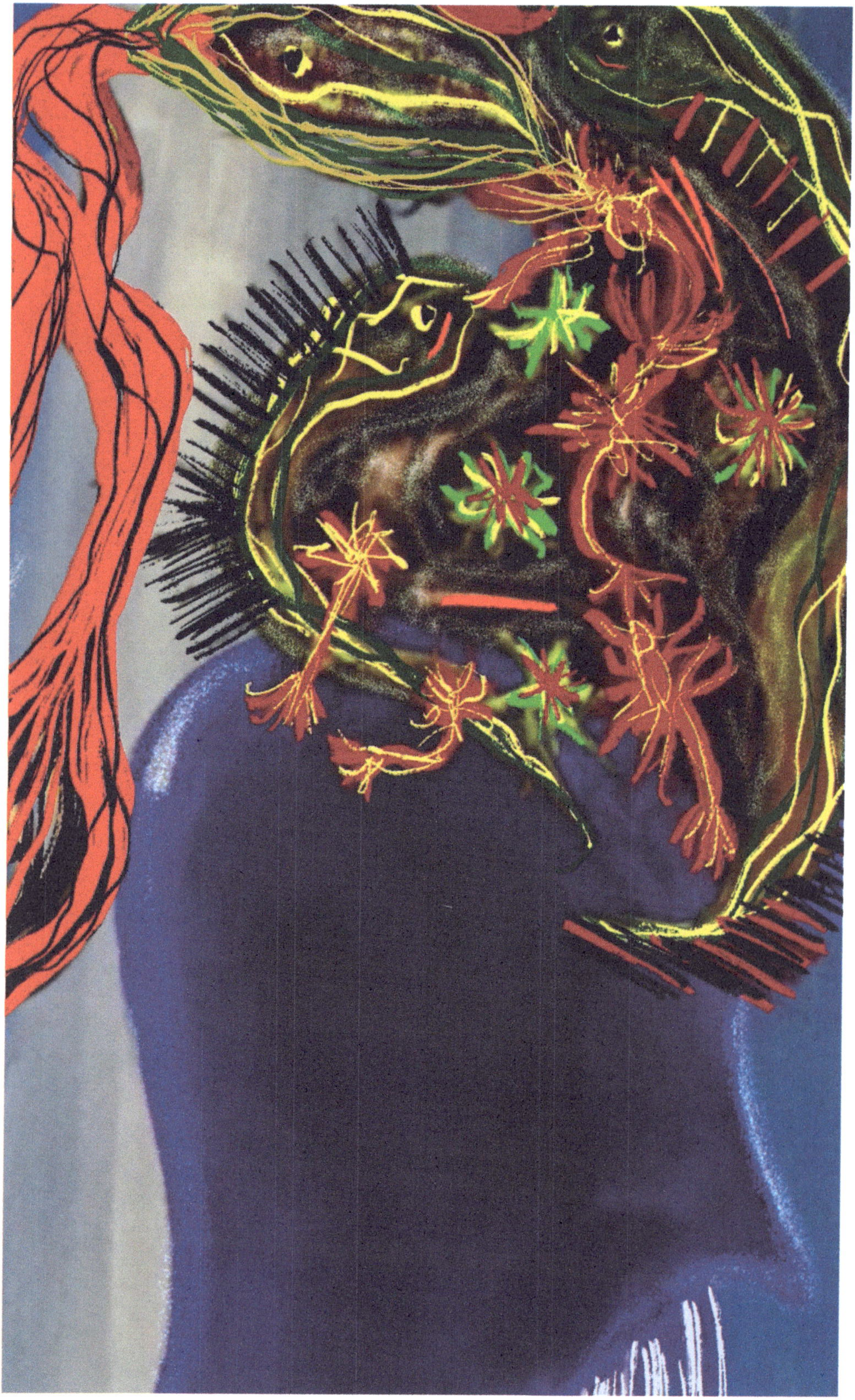

BESOS COMO BALAS

Tú,
l e j a n o extraño ahora,
disparas a quemarropa y
son tus balas el único «te amo»
que deja en la boca
sabor a sangre.

Eres lo único sólido ante mis ojos;
y yo, transparencia.

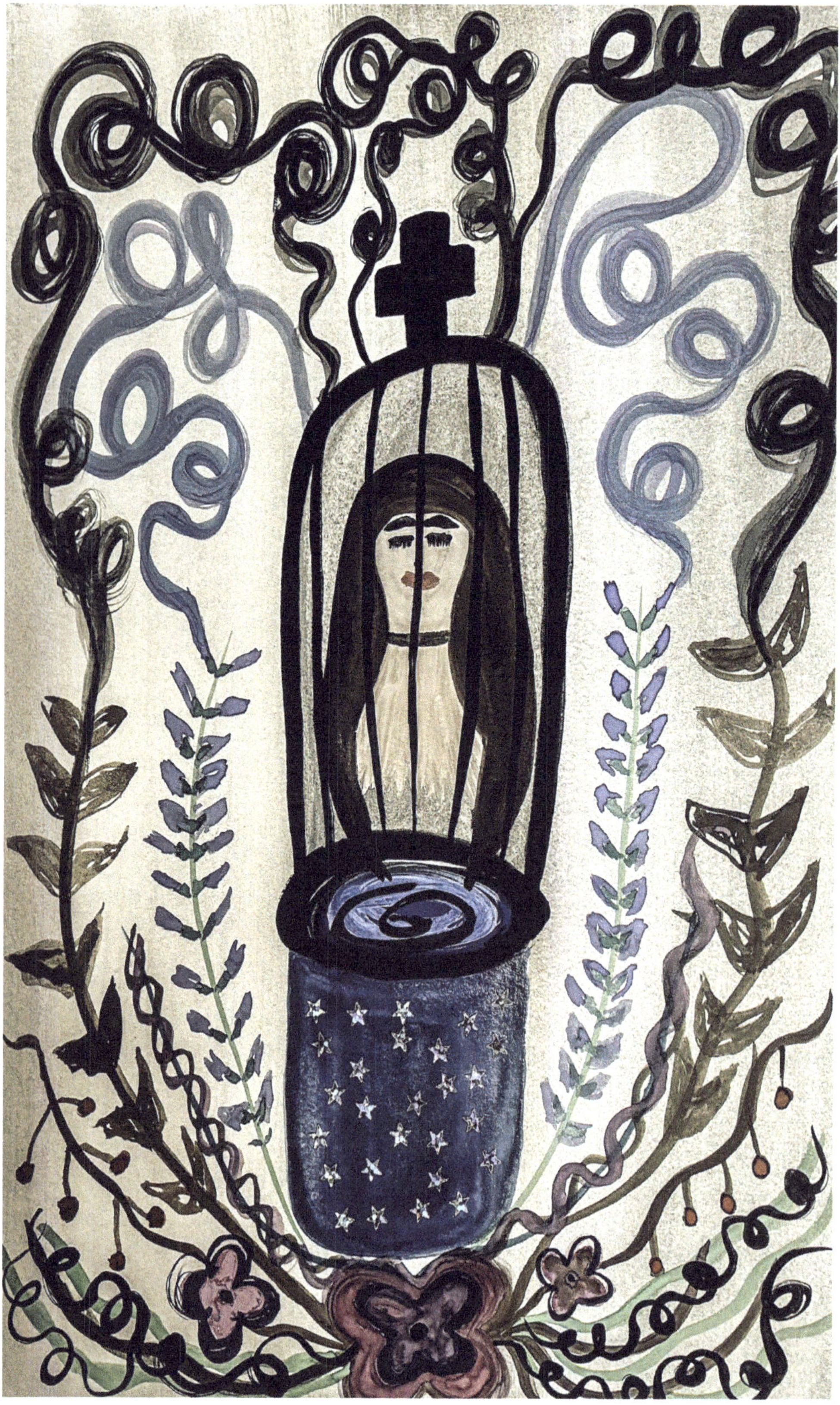

CARICIAS DE CENIZA

En las pequeñas cárceles del alma,
tú eres
mi atadura,
mi esclavitud.

Eres mi vida y
todas mis muertes:
c
           i
   e   a   s
     n
              z

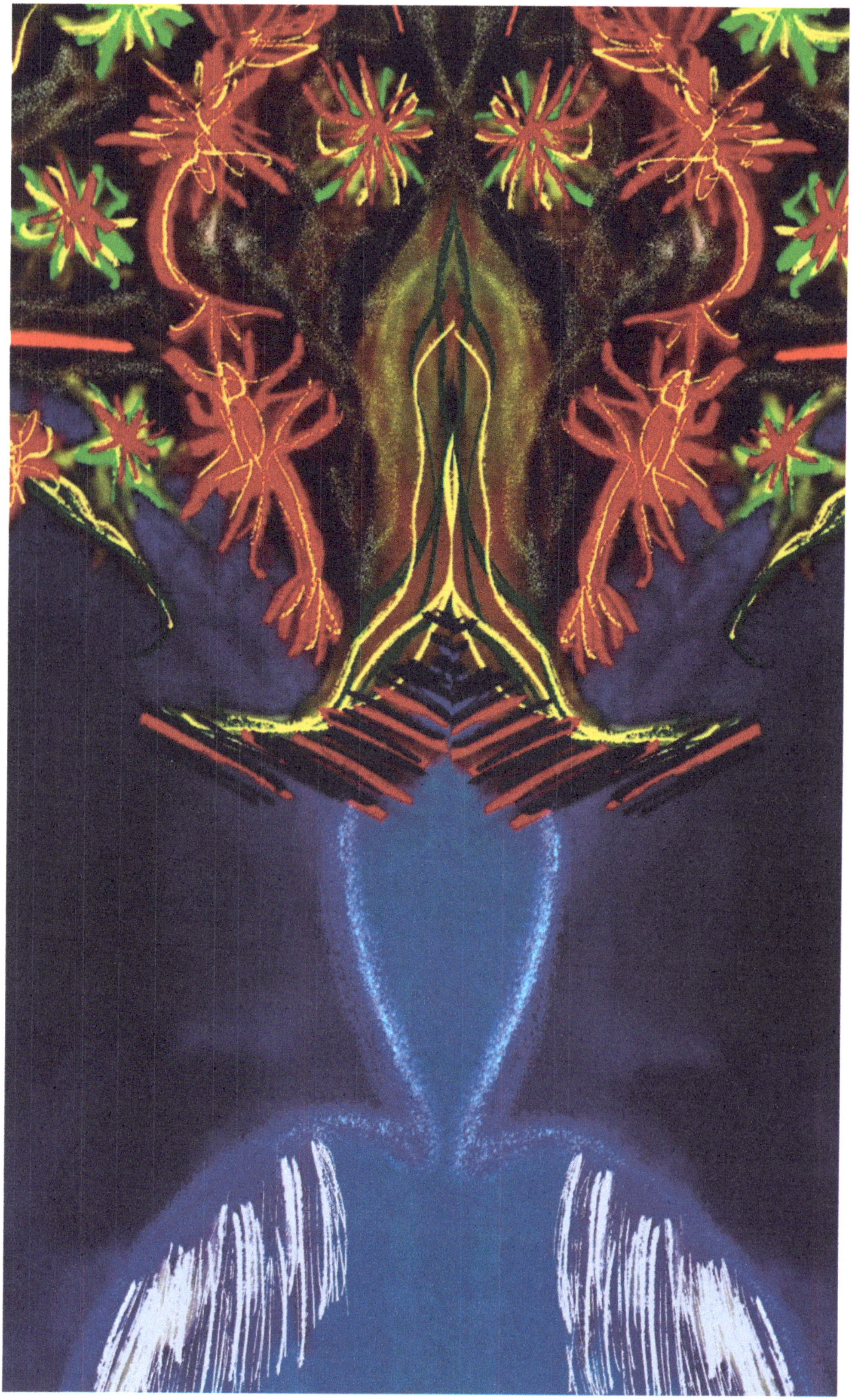

DUALIDAD ESPERANZADA

Entre tus dos rostros
hiere
el ayer.

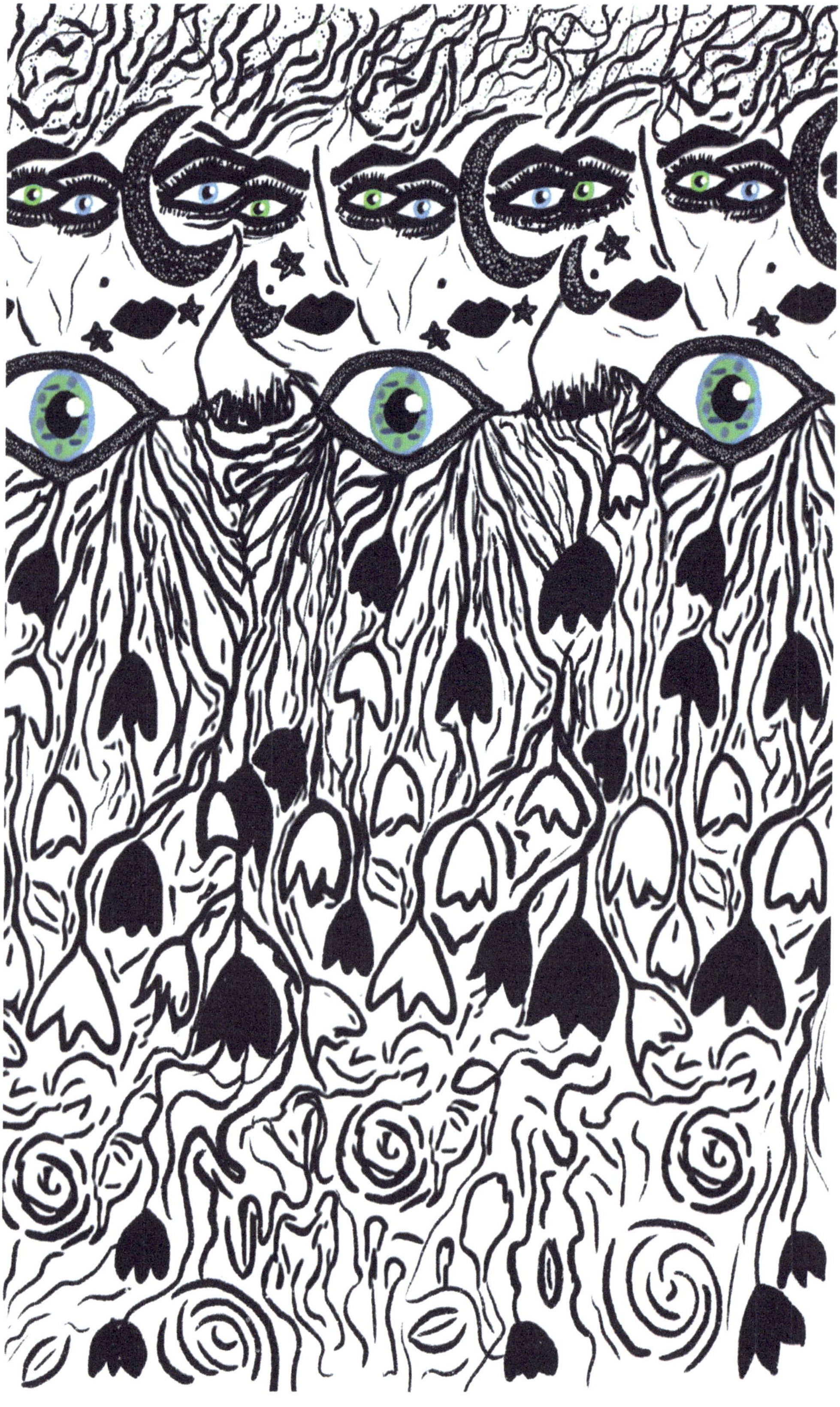

ECOS DE TI

Hace un día que no me hablas y
en nuestro mundo
que deconstruyes
solo habitan rastros
de e	c	o	s
    e	c	o	s
       e	c	o	s
mientras mis sollozos
coquetean con la muerte.

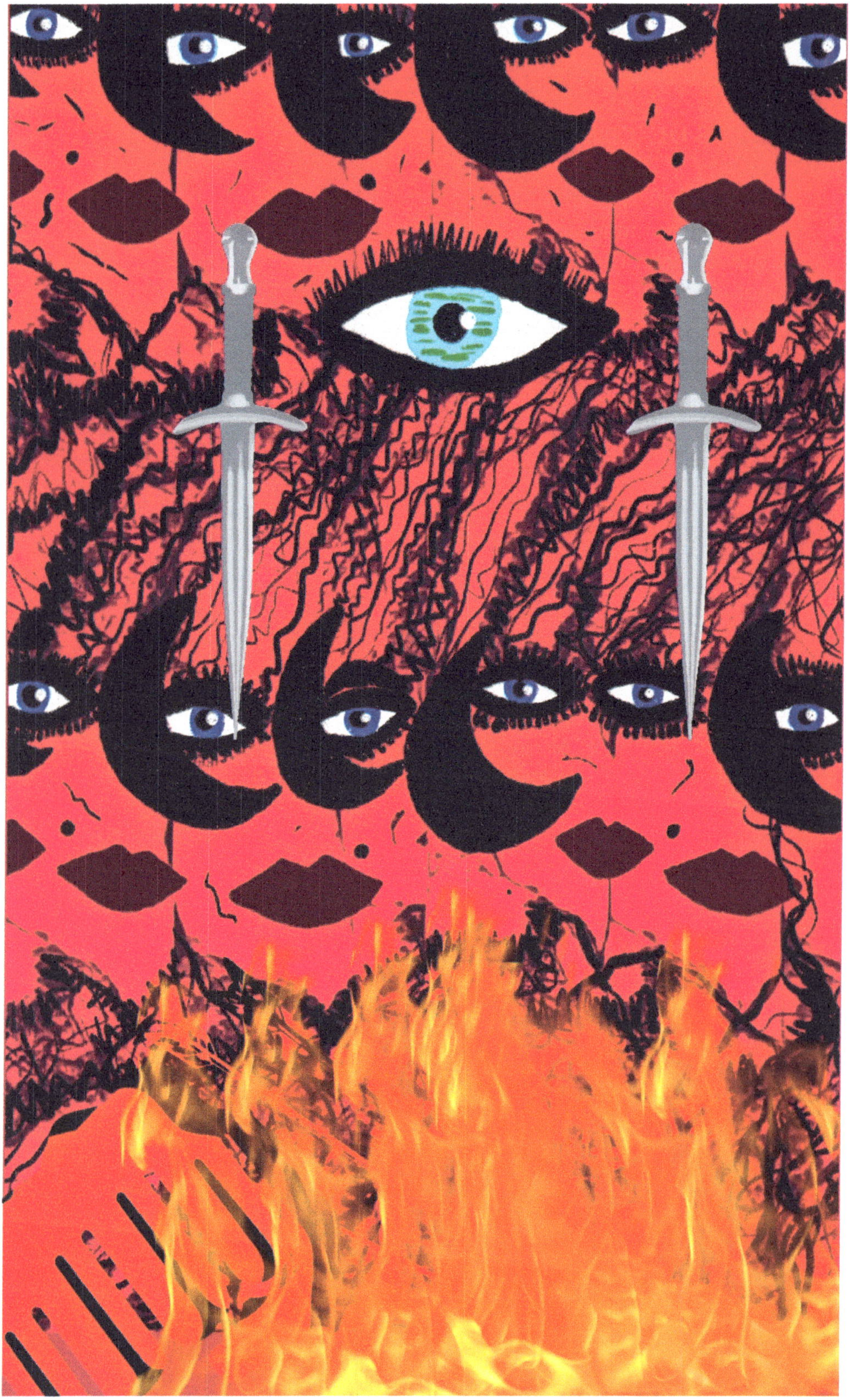

EL FUEGO DE TU VOZ ARDIENTE

Tus palabras
a
   c
     u
       c
         h
           i
             l
               l
                 a
                   n
mis oídos que veneran tu voz
que mata
     sin matar
y quema
     sin quemar:
ardiendo.

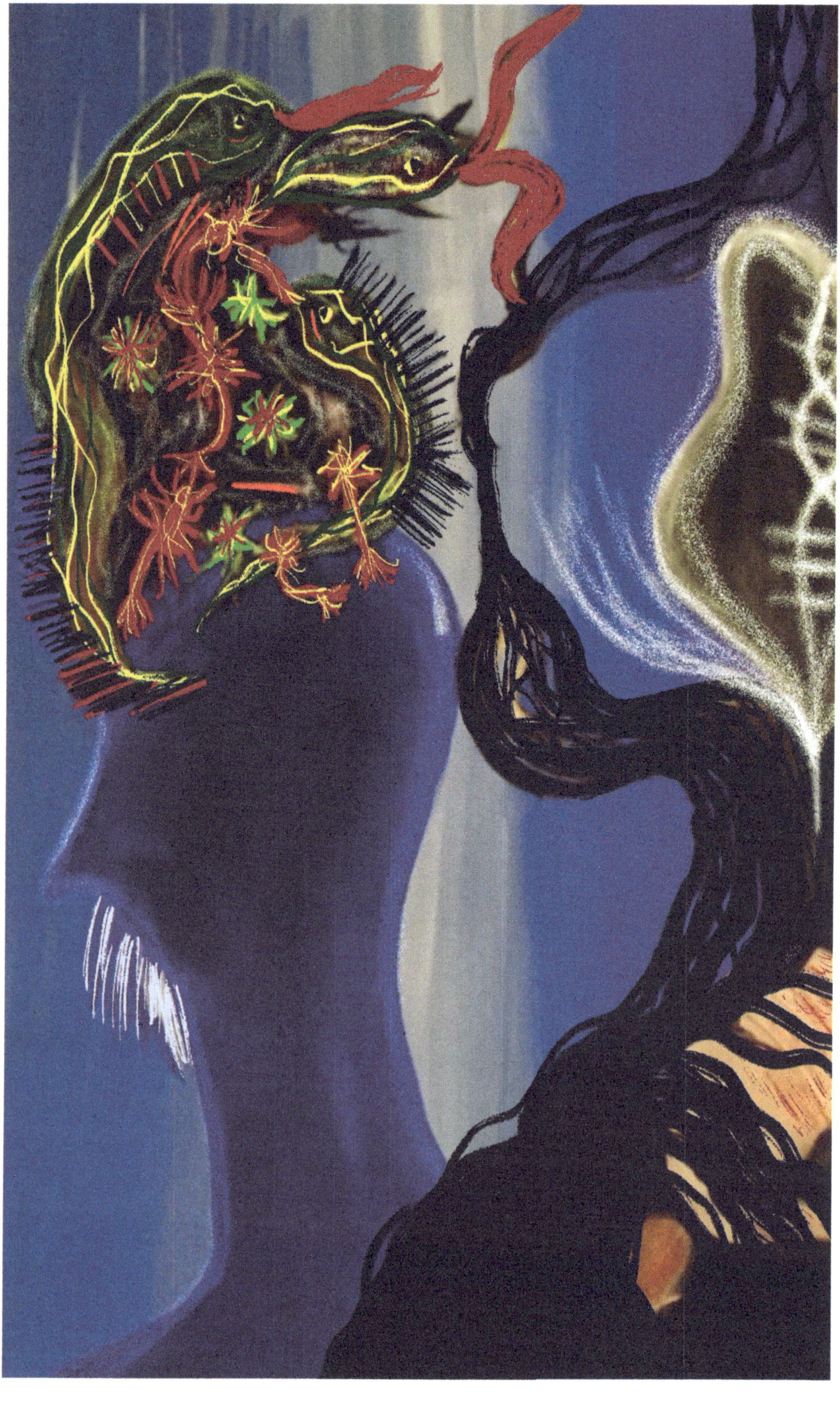

LA NIÑA QUE FUI ENTRE TUS DEDOS

Le llevo flores a la niña que fui
                              y ya no vive
que todavía busca tu abrazo al sentir frío
aunque se congele siempre en tus hogueras.

Solo se escuchan tus gritos
                              como alaridos
que se tatúan en la piel que me queda
                              en carne viva.

Amarte se vuelve un juego a la ruleta rusa
donde un *tal vez* es mi muerte y
esa muerte seas… tú.

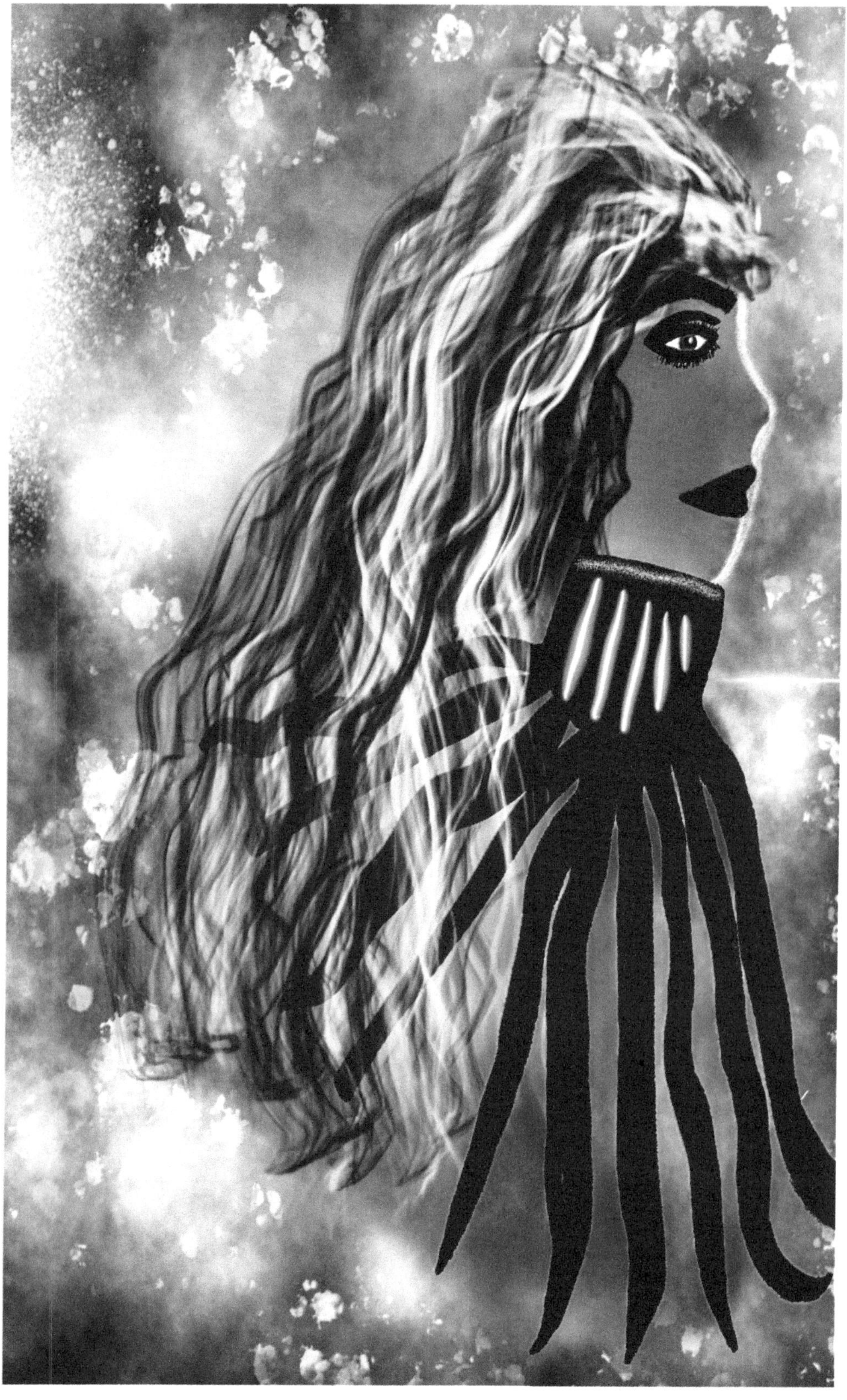

MANTIS RELIGIOSA

El sol se esconde entre mi herida y
tu cuerpo.

Me haces el amor como quien hace la guerra:
canibalismo mutuo.

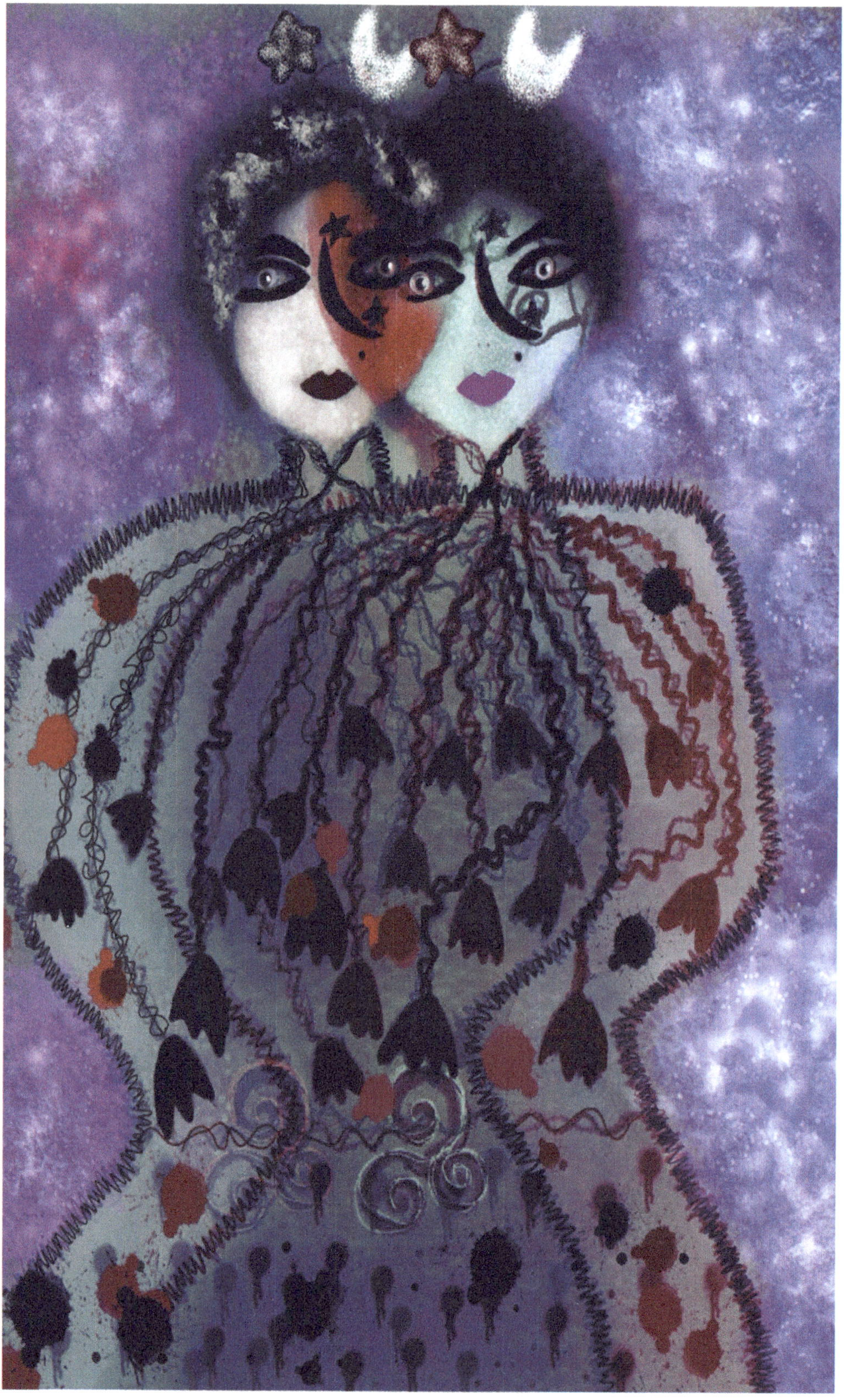

MI DESNUDEZ ES UNA HERIDA

Acaricias con tus manos de fuego
mi cuerpo… tu patria.

Se calcinan mis gritos
mientras tus golpes son la caricia
que quema
                              pero no mata.

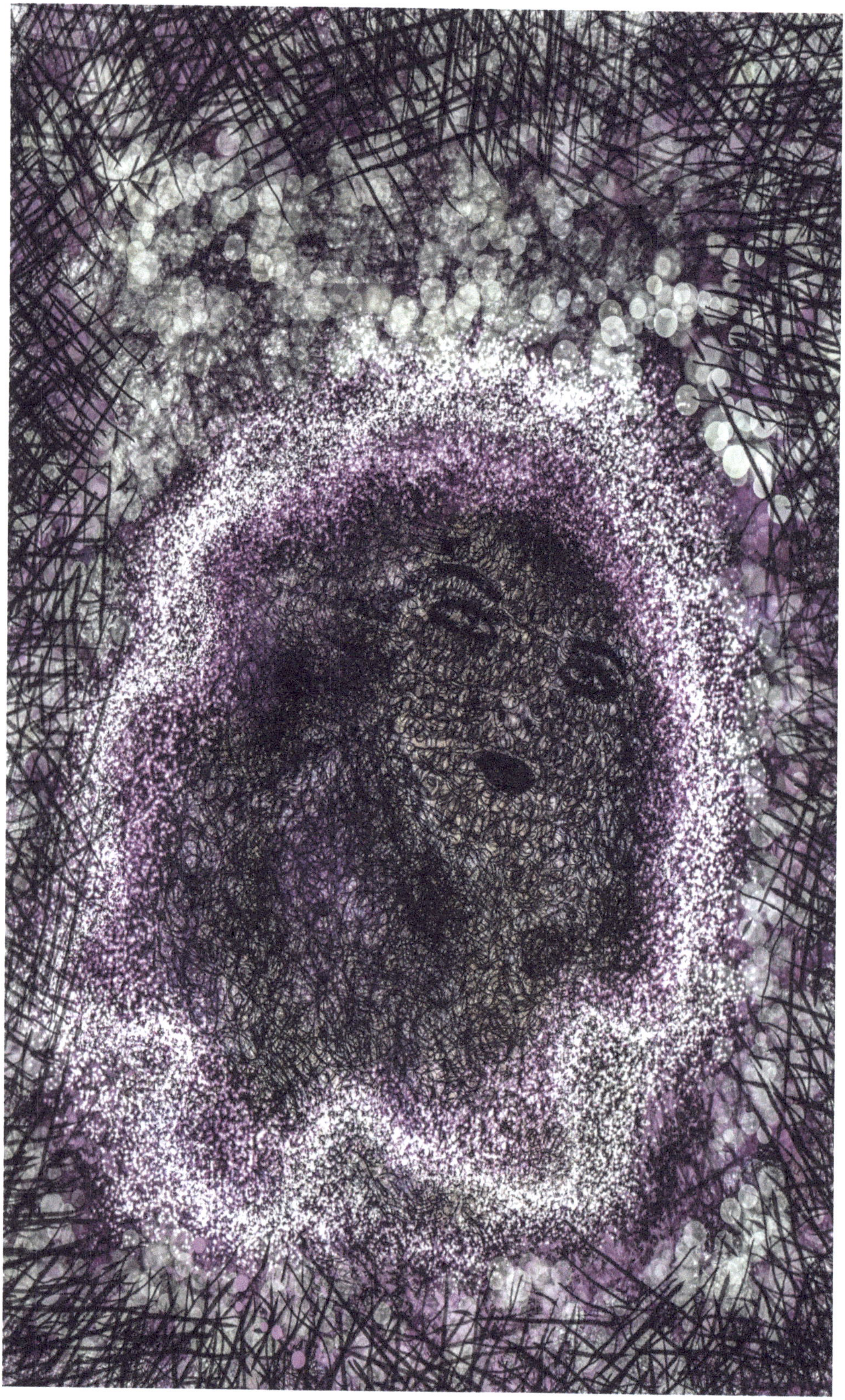

NUESTRO AMOR ES UNA CICATRIZ

Llevo
> caricias

como
> cicatrices.

Llevo
> cicatrices

como
> caricias.

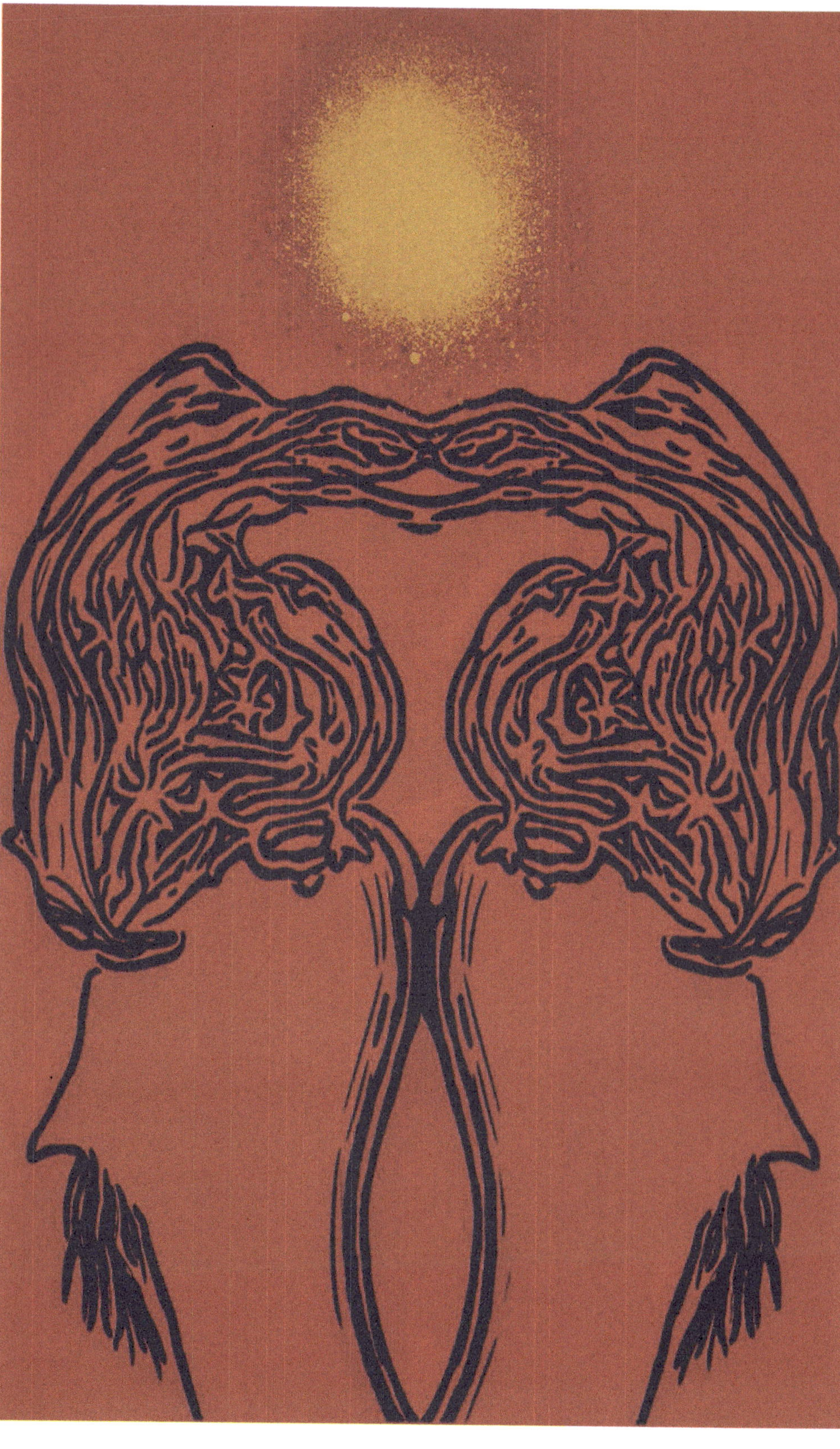

TU REINO Y DOMINIO

Prefiero que amanezca el miedo
                              entre tus dedos
que despertar…
                    ausente.

CUASIAUSENCIAS I

Para mí, el sol no es
                    sol
   sin ti.

Si tú no estás,
los soles del universo mueren
y solo queda
gas y polvo.

CUASIAUSENCIAS II

¿Para qué vivir,
sí contigo,
te llevaste toda la miel del universo y
hasta tus propios silencios?

¿Para qué quiero una tumba
sí despierto en nuestra cama vacía?

Tu adiós es un vaivén
que es tornado y
beso.

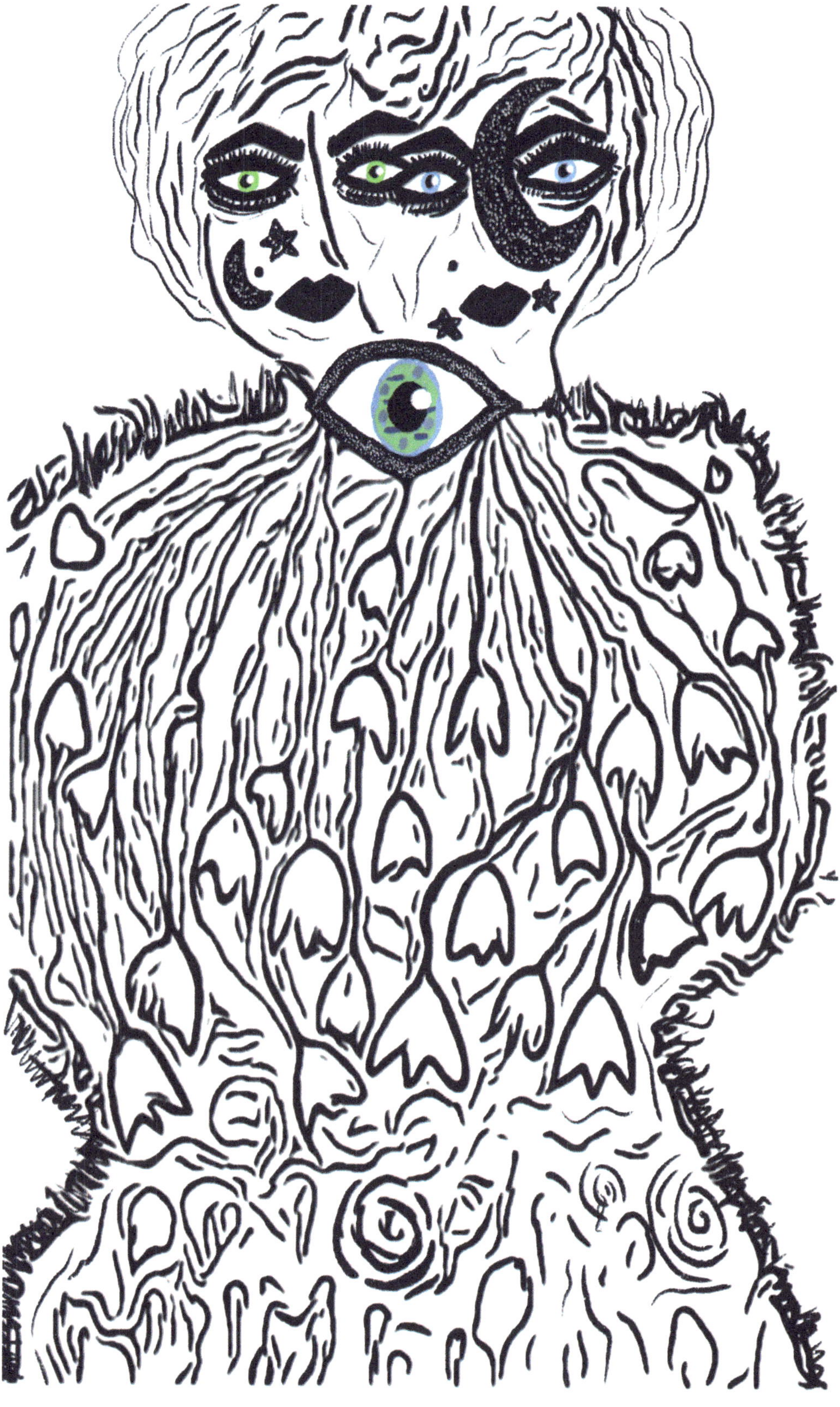

CUASIAUSENCIAS III

Me arrodillo y
suplico tu perdón por ir
coleccionando adioses
como regresos
en vez de huidas.

Cada vez estoy más segura
que jamás existí
antes de ti.

LAS CARICIAS DE LAS CICATRICES

Mi desnudez piensa en ti y
tus huidas me hacen el amor cada mañana:
ausentes.

Hay tantas huellas en el mar
como estrellas en el cielo y
tantos besos desnudos
como golpes
                                en mí.

Todavía me dueles en los labios
                            que no besas
y en la piel que
                            ya no
habitas.

Nuestro destino es
una lágrima.

CONFLICTO BÉLICO

Mi tierra es tu fuego y
un cielo de cenizas dejas
                                        al marcharte.

Mi único credo son tus gritos que
a
    p
       u
          ñ
             a
               l
                  a
                    n
mi cuerpo que ya
solo habitas
tú.

RECUERDOS DE AMAPOLAS

Mi cuerpo hoy amaneció
estrangulado
por las amapolas
~~que algún día me regalaste.~~

¿Cómo despertar y
no buscarte?

De vez en cuando,
tu culpa agrede más que tu mano.

HERIDA

Me dueles en la piel que no habitas,
que tocas al no tocarme.

DUDAS

En mis mañanas amanecen
las sombras de los cuasiadioses
que nos unen como nudos en el alma.

Hoy nuestros cuasiadioses
hacen que la duda…
aceche; por ende,
invitan a que la lucha…
cese.

Pesa más el recuerdo
que el miedo.

No le tengo miedo ya a los a
                        b
                           i
                              s
                                  m
                                     o
                                        s.

TU DIARIA AUSENCIA

Es el silencio de un viernes.
Soñar contigo y
despertar
sola.

Es un pasaje sin regreso,
los desconocidos que se despiden,
un mausoleo de besos y
una madre a los pies de la tumba de su hijo.
Es un cementerio de asignaturas pendientes:
juventud perdida.

Es la mano de acero que desangra caricias,
el dólar que intenta hacer justicia,
los labios del famélico y
los ojos agrietados del ausente.

Es una vía a la nada,
un adicto sin mañana,
la convicción de morir del suicida y
sus rezos vacíos de fe.

Es el destino que se quema en un cementerio de arcángeles.

Tu ausencia es
el credo de un Dios muerto.

SUICIDIOS A MEDIAS

Déjame ahogarme en tu silencio y
lánzame un anzuelo que me quedo
      sin tu oxígeno.
No quiero respirar el aire que no penetra
       tus pulmones.

ARMISTICIOS

Cuando reina tu mano,
solo queda
mi vida trunca.

MI CUERPO, TU PATRIA

El alba se viste con la ropa que dejaste y
todo espacio está manchado con tu nombre.

Hoy gimo nuestro himno
con la voz
que
ya
no
tengo.

Mi cuerpo es tu patria.

INTERMITENCIA INCONCRETA

Tu regreso son generaciones de olvidos
exterminados.

El pasado se convierte en beso…
como aquel beso que alguna vez
tuvo sabor a despedida.

(Re)encontrarnos es el
renacer de nuestra vía láctea
que jamás olvidó tu nombre
                                      ni a gritos
                                      ni a golpes
                                      ni a sangre.

HACER EL (DES)AMOR

Tus guerras me han hecho el (des)amor
tantas veces que me sabes
                               a contienda
                               a lucha
                               a sangre.

Bésame helada que estoy ardiendo, pero
devuélveme la piel
                               que ya no es mía
porque me muero de frío
                               en esta galaxia de cenizas
sin tu abrazo.

HACER EL AMOR

El único éxtasis que conoce mi cuerpo
es el gemido después de la contienda
mientras tu sudor marca
la hora de tu rabia.

NACER ENTRE TUS GOLPES

Después de la contienda,
–te llevas en un asalto–
TODAS
mis palabras,
mis lágrimas y
mis mañanas.

Eres la soledad que me habita,
los golpes que me maquillan y
el centenar de heridas abiertas
que escondo entre sonrisas.

Tu cuasiadiós es un vaivén
que es tornado
y beso.

Nazco entre tu (no) besar
que hoy es perfume de olvido y
las muertes del alma mía.

AUTODESCONOCIMIENTO

No conozco otra primavera
que no sean tus inviernos.

¿Existía antes de ti?

MI SALVADOR

Una estrella fugaz me abrió el pecho en dos y
la única cura
fue tu mano.

Debajo del pulgar de una lágrima,
espero el perdón
que te lleve a comer lo dulce
de mis pechos
                              que son solo tuyos.

DESARMADA

"Deja, deja el jardín...no toques el rosal:
Las cosas que se mueren no se deben tocar."

—Dulce María Loynaz

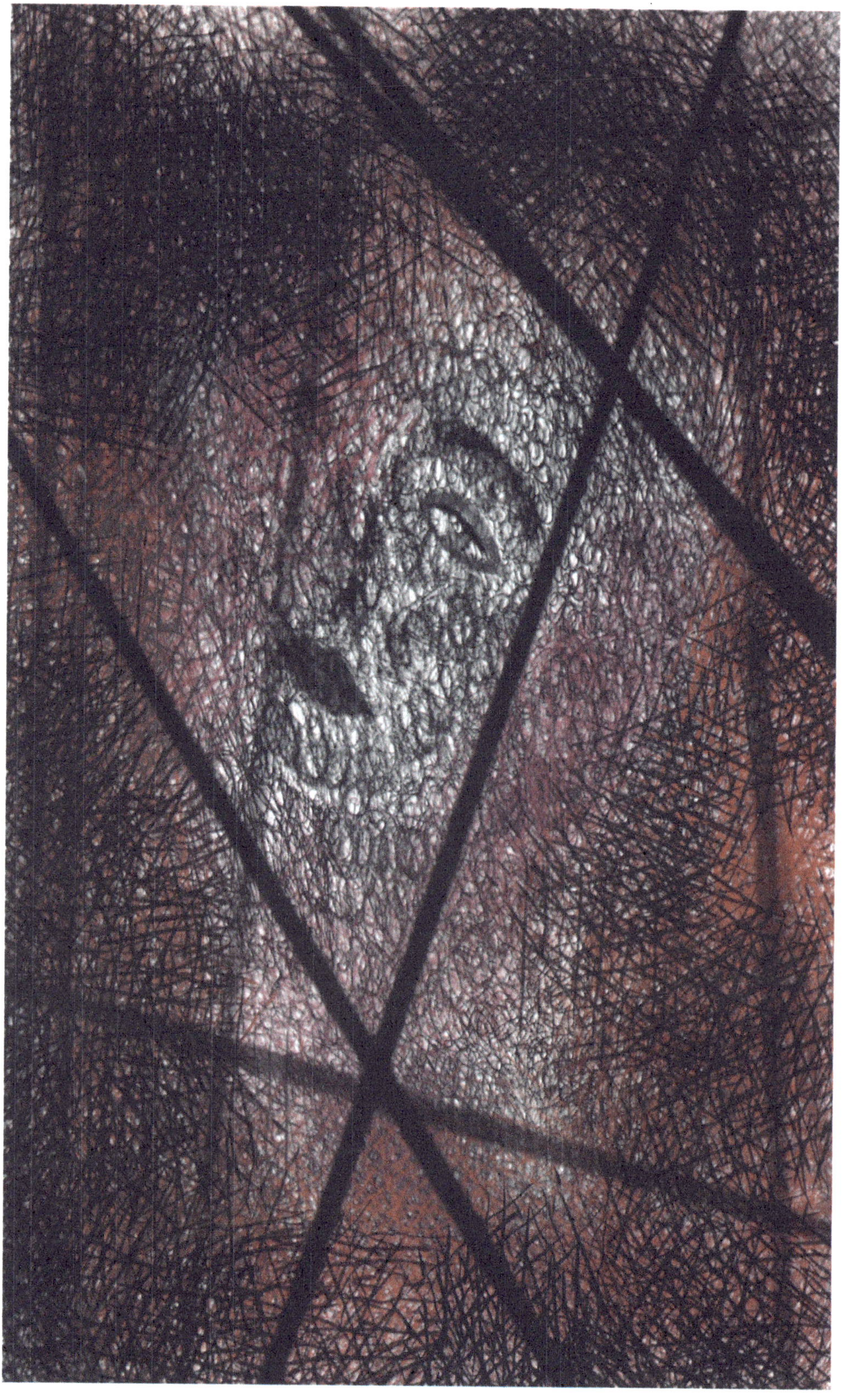

METRALLAS DEL ALMA

Tus besos se convirtieron
en las flechas asesinas
de cupidos con metrallas.

En esta guerra enamorada,
mi cuerpo de batalla
que antes era
escudo   coraza
hoy es un cuerpo sin piel
desarmada   desahuciada
ardiendo en una galaxia de cenizas.

Aquí solo quedan los restos de mi alma
entre una colección de «te amos» falsos
que me disparas como balas
y adornas con flores.

Miles de batallas son mi guarida y
tu mano de acero triunfa cada día.

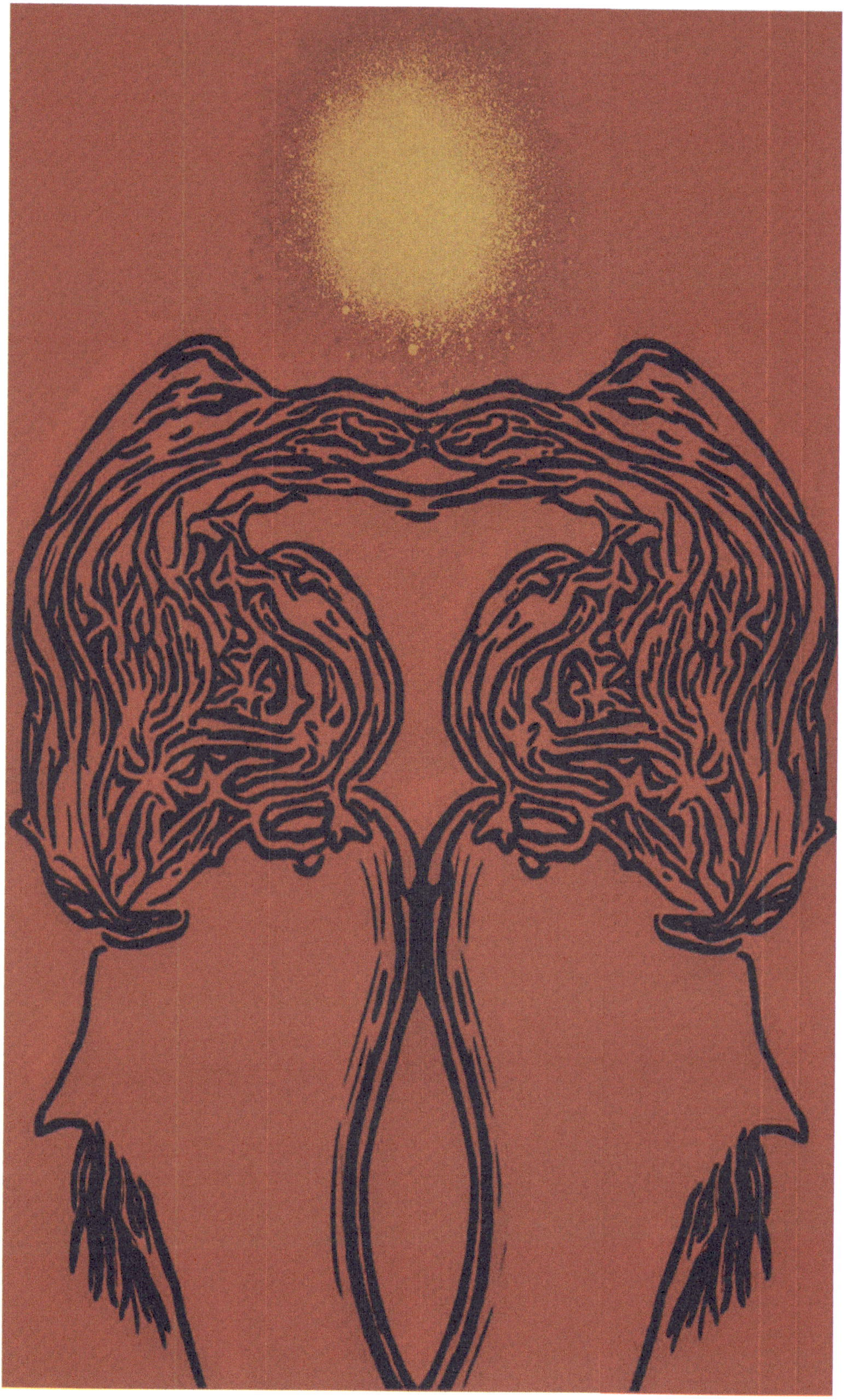

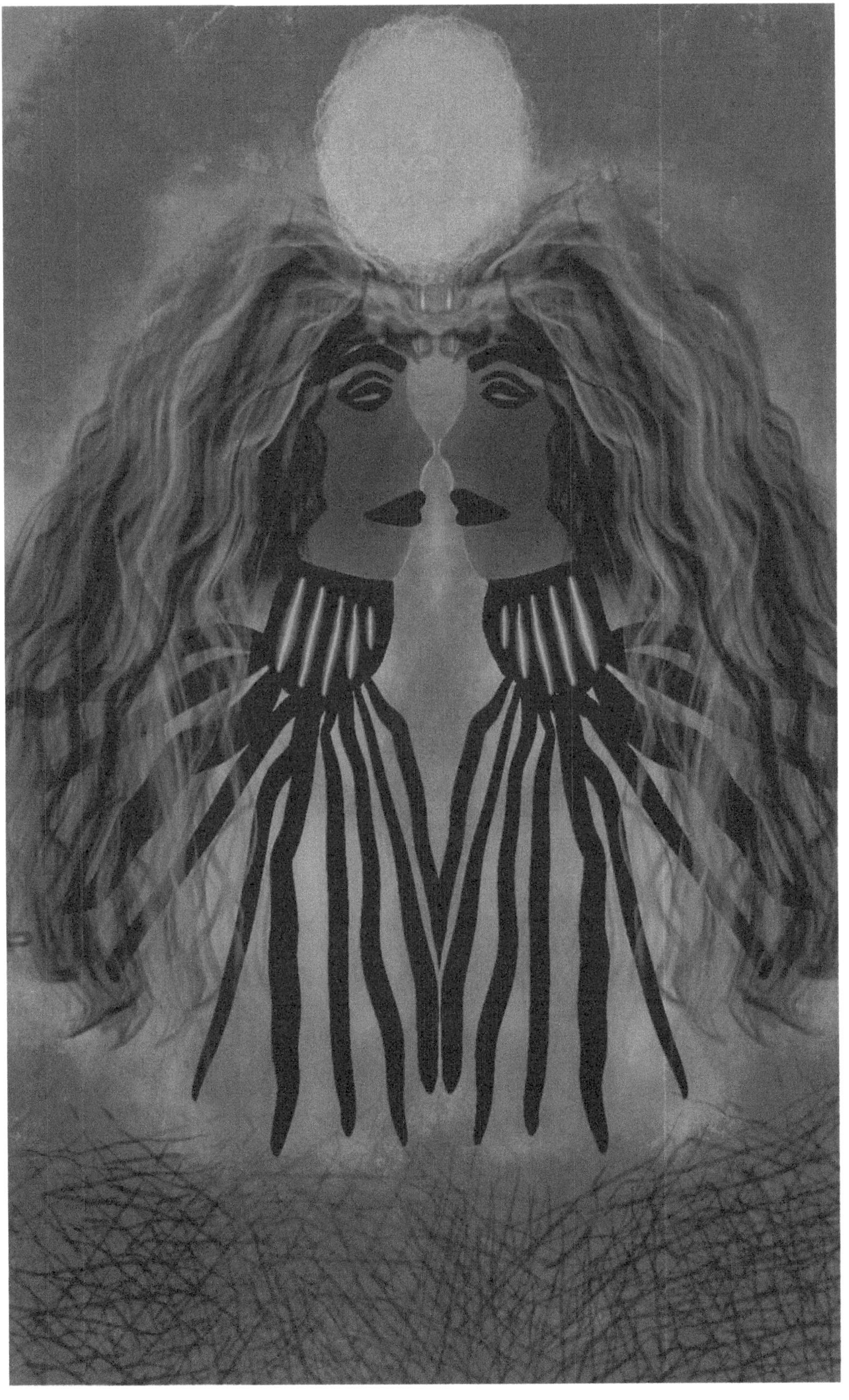

DESESPERANZA EN UN MISIL

Estamos a un beso de salvarlo
TODO
y lanzas misiles
contra lo que un día llamaste
hogar
                                        en mí.

TUS TROPAS EN MI TERRITORIO

Por toda nuestra alcoba
te armaste con fusiles
para dejar soldados
inocentes

                        ensangrentados
                        heridos
                        moribundos
                        muertos

que solo habitan
en mi cuerpo que
–a golpes–
te pertenece.

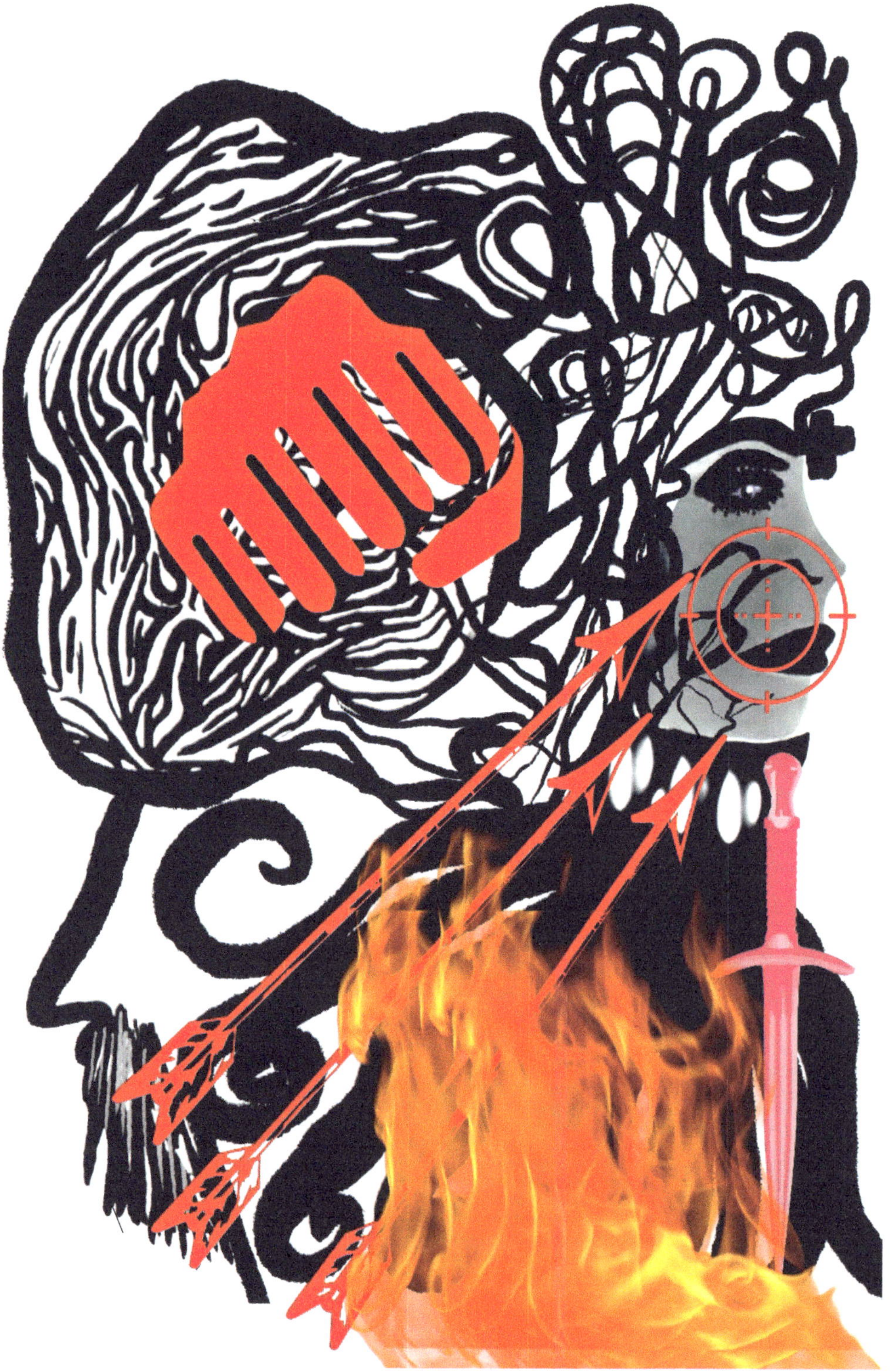

DECLARACIÓN DE GUERRA

Colonizaste todas mis fronteras y
me exiliaste de todos los continentes
que inventaste
sin mí
sobre mi cuerpo.

Quemaste todos mis navíos de huida y
se consumieron entre brasas
mis horizontes perdidos…

                                                             o

                                                    m

                                               u

                                        h

SAQUEOS

Las flechas de cupido
robaste como botín de guerra para
c
l
a
v
a
r
m
é
l
a
s
como balas, en los ojos
que ya estaban cegados por tu luz.

MORIBUNDA

Escucho cánticos   a lo l e j o s

Parecen centuriones celestiales que
alaban a un dios que se incinera
sobre las alas de cupido.

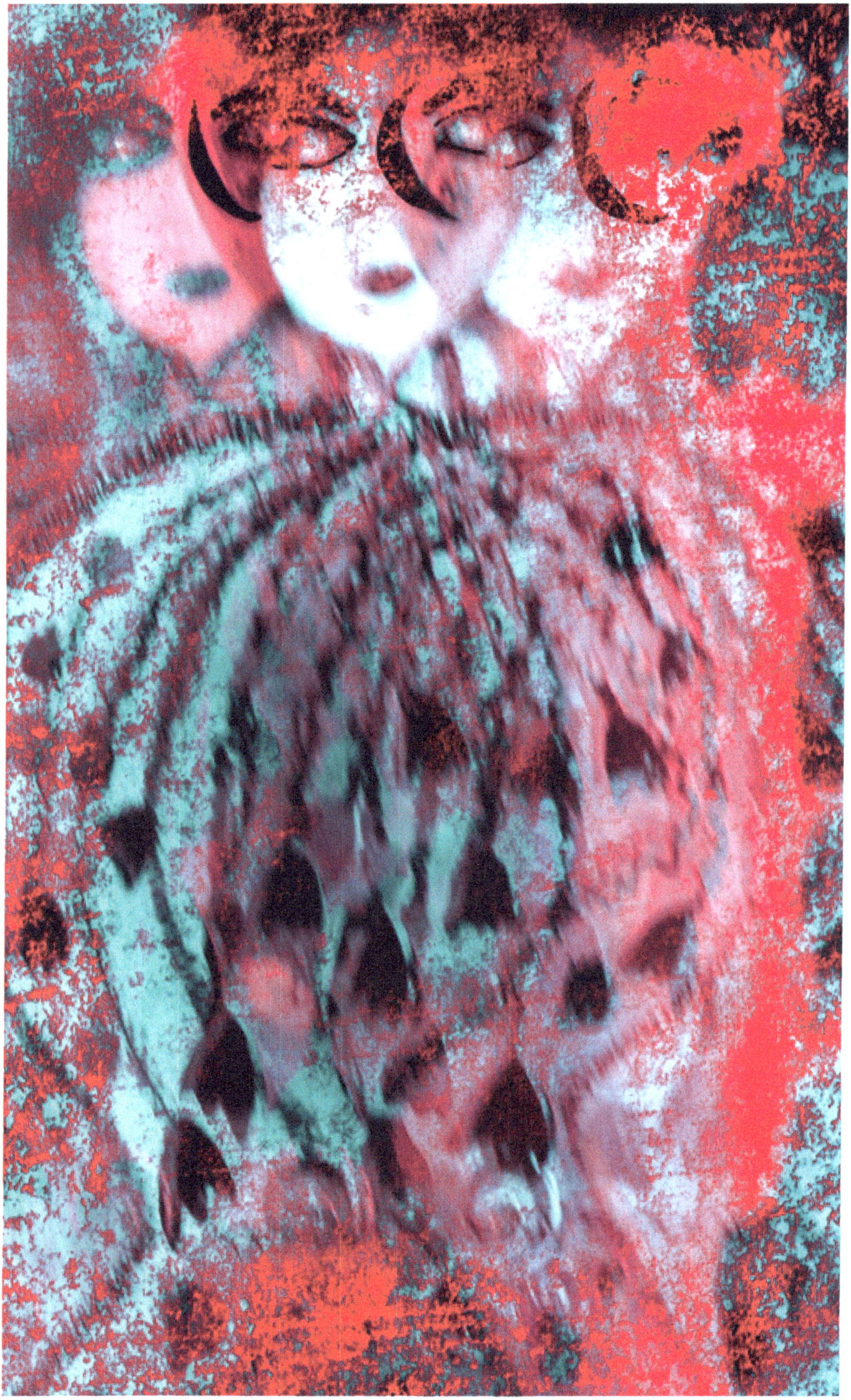

DERROTADA

Ganaste todas las batallas
donde
morí
yo
p   o   r   s   i   e   m   p   r   e
y
dejaste quemadas millones de ciudades
en mí.

Te llevaste mi piel como botín de guerra y
me dejaste desnuda y ardiendo
—viva—
entre los escombros de
un *pudo ser*
                        y
un *nunca será*.

HUESOS ENAMORADOS

Buscaría albergue en tu puño
si no fuera porque mis huesos tiemblan.

No quiero
recobrar mi aliento
sino es para despertar (inconsciente).

Te pones los guantes, mientras
mi herida te nombra
más que ayer.

TUS VICTORIAS

Después de la batalla,
te llevas
—en un asalto—
todas mis palabras y
todas mis mañanas.

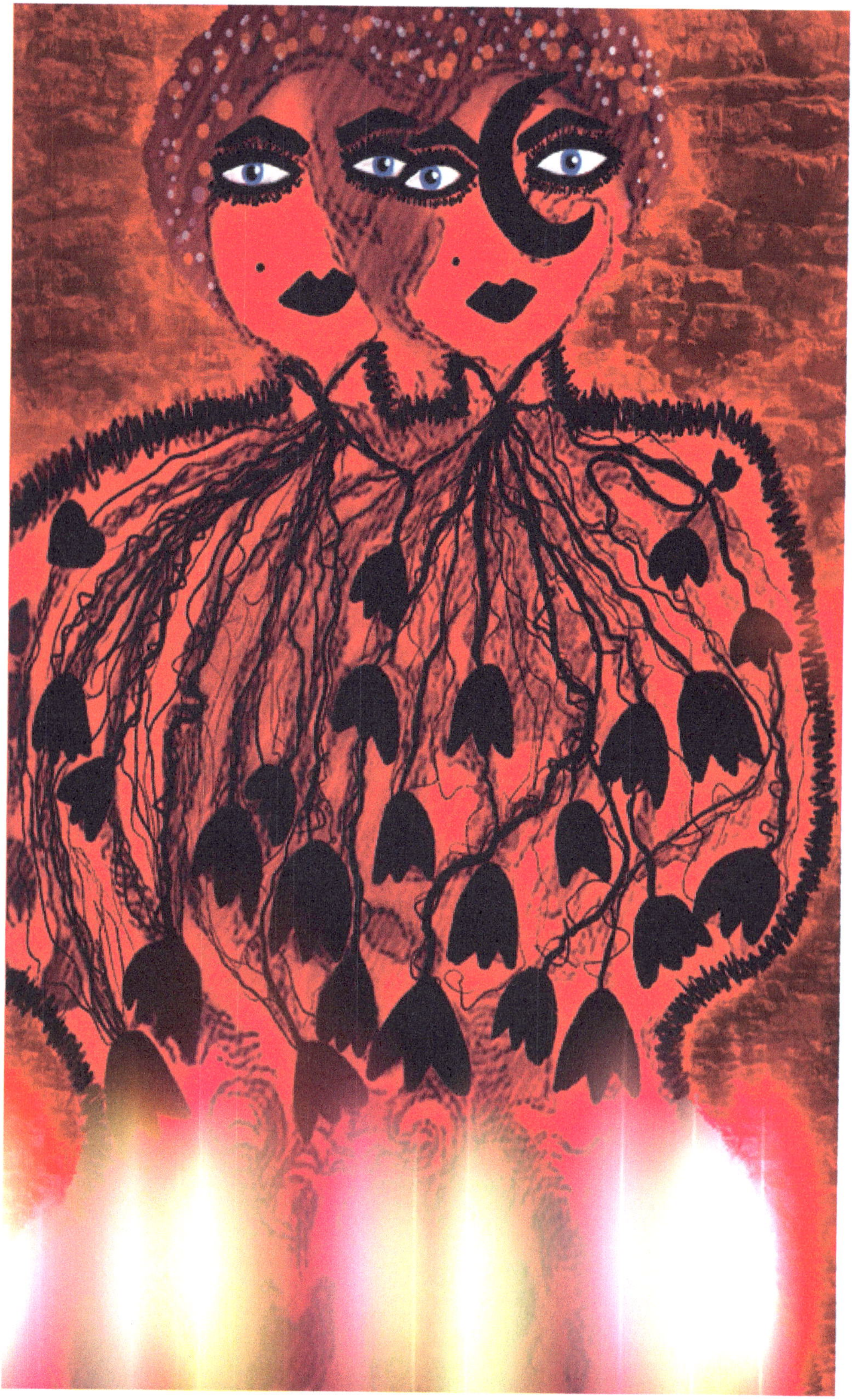

DESARMADA

Como las grandes potencias
que algún día fuimos,
hoy nos enfrentamos.

Vamos a las trincheras.
Estoy
desarmada.

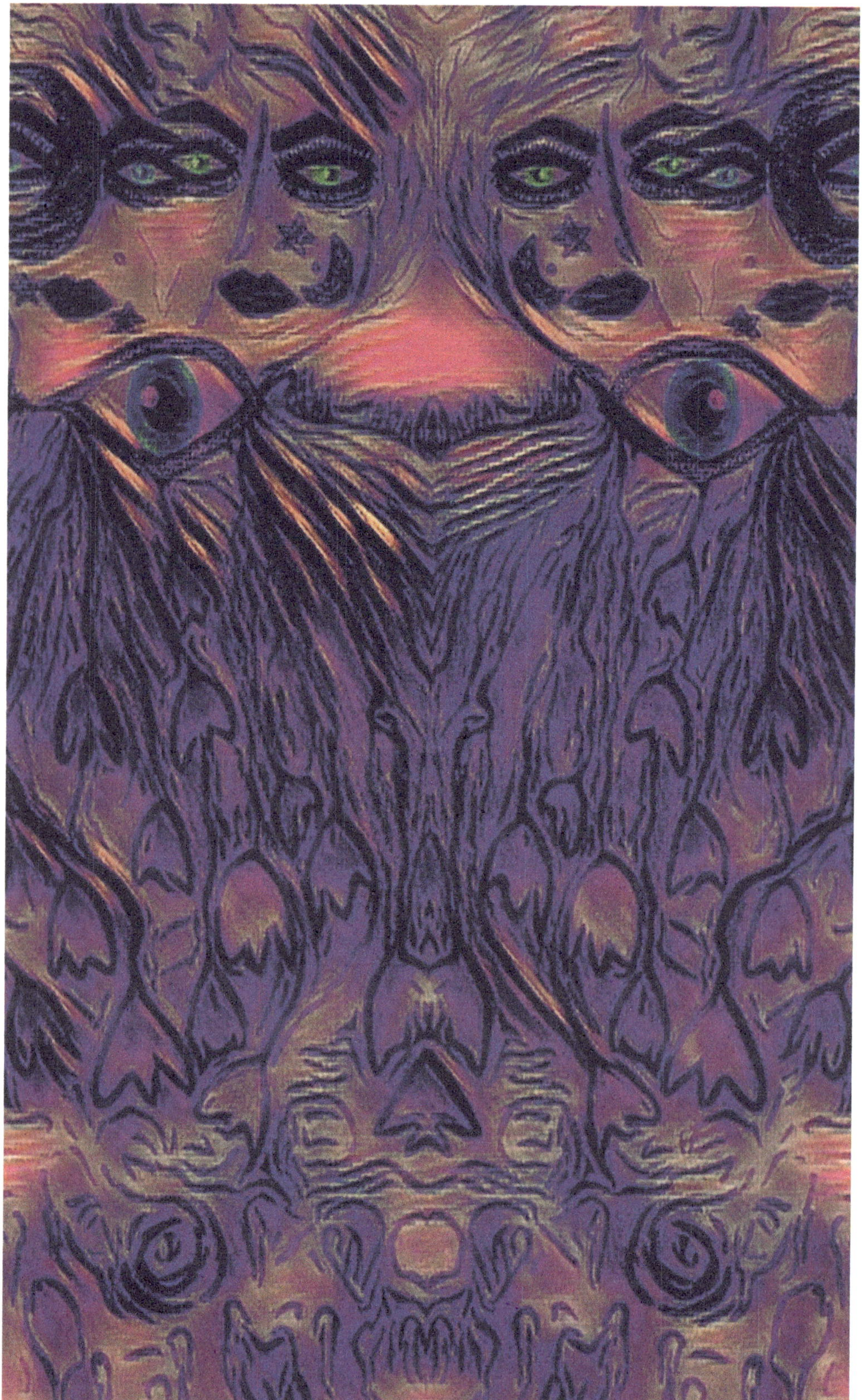

EL SABOR DE UNA MAÑANA DESPUÉS DEL COMBATE

Estrangulaste los soles
que se desangran
sobre
las ciudades de mi cuerpo
saqueado por tus batallas.

Mis mañanas saben a heridas
que te nombran,
aunque el sol ya no es sol
                              sin ti.

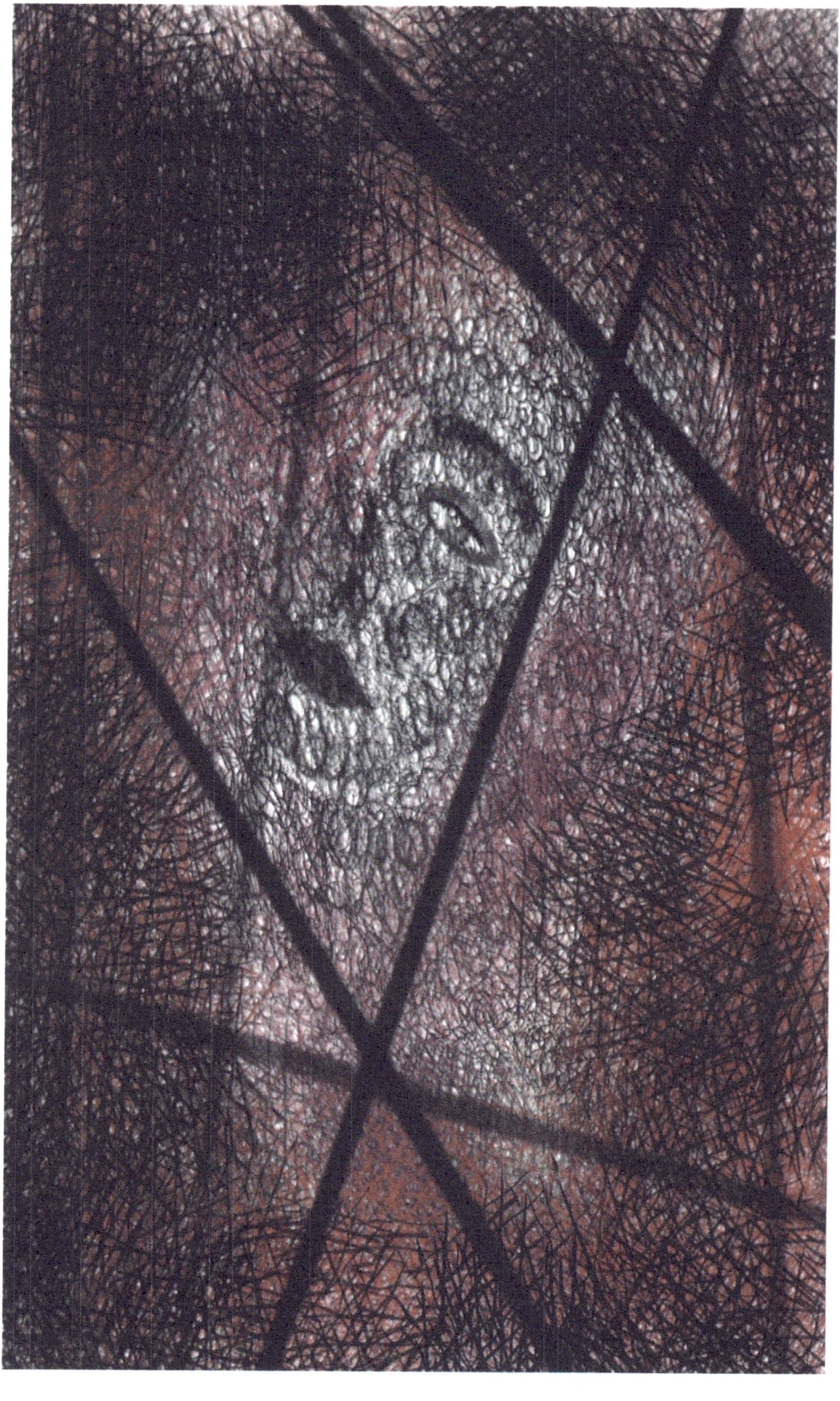

NECESIDAD DE UN TRATADO DE PAZ

Cavas mi tumba
entre
tu *siempre*
y
tu *jamás*.

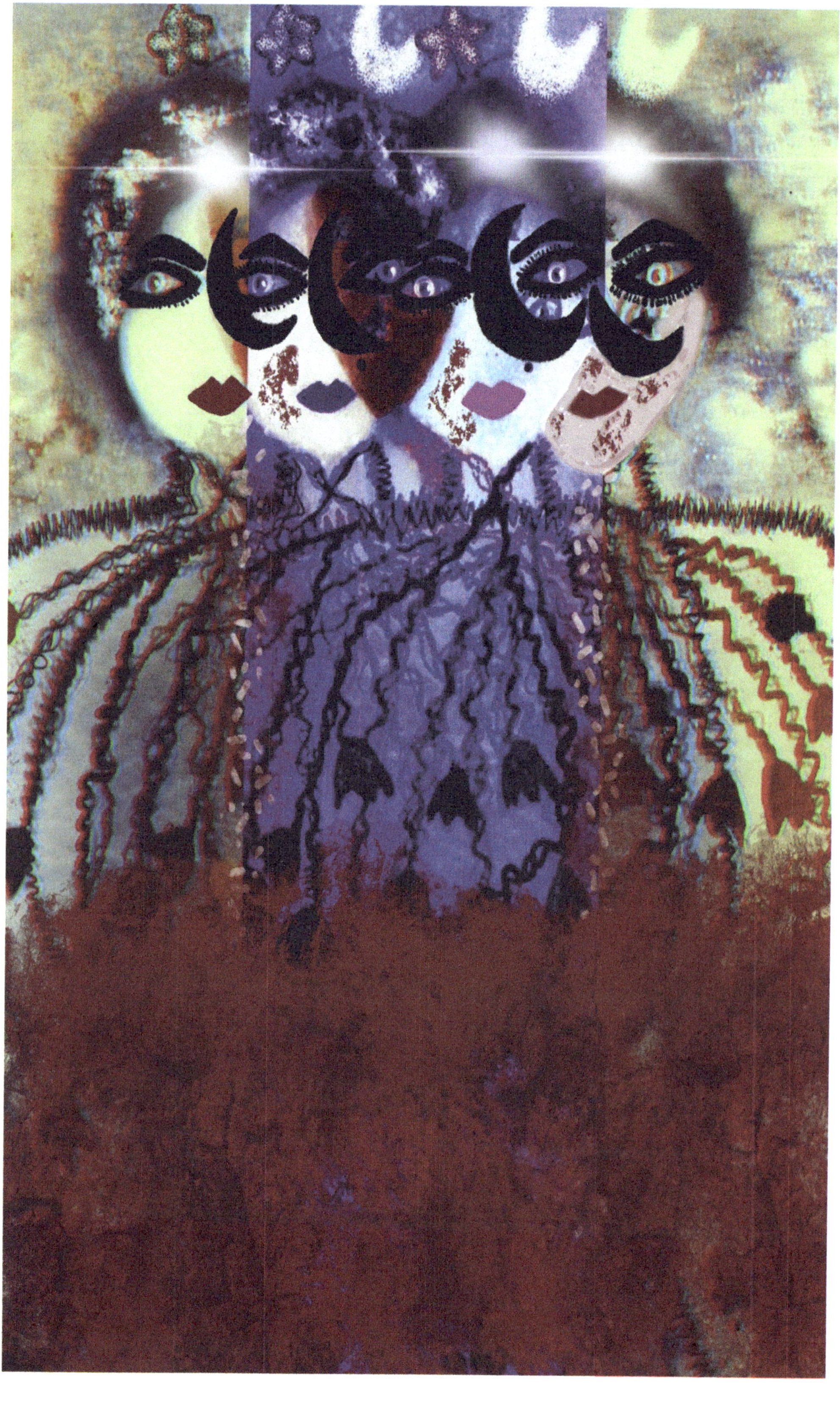

SÚPLICAS AL VACÍO

Todos los gritos en
UNO:
esta voz que suplica un armisticio
a tu declaración de guerra.

En busca de algún indicio de vida,
caen desangrados de este cielo de heridas
cupidos acuchillados,
ángeles sin aureolas,
dioses sin reino,
sol sin luz.

Que alguien busque un hospital
para esta mujer que lleva
tu nombre
en la bandera ensangrentada
que es mi cuerpo.

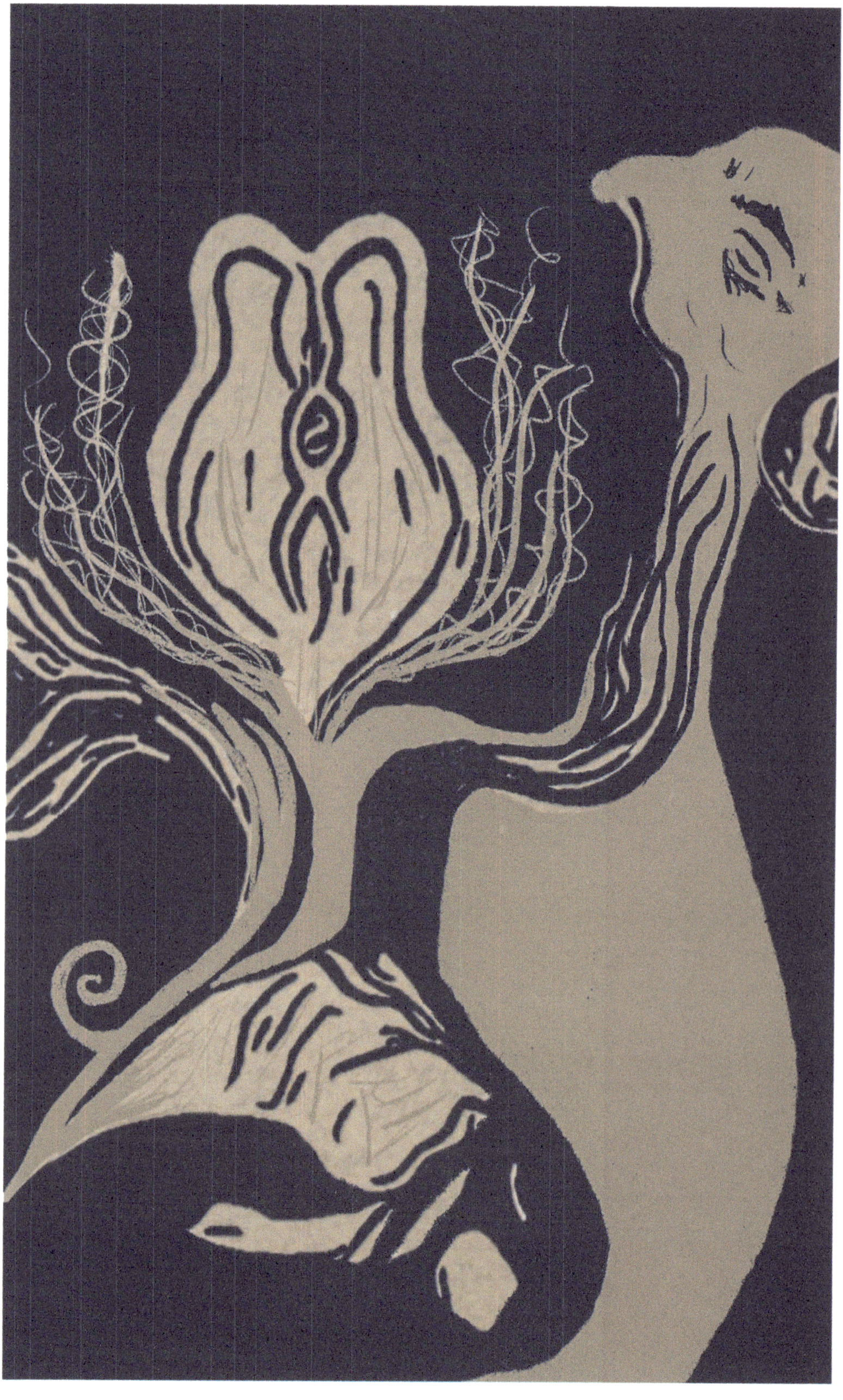

TODAVÍA ENAMORADA

La voz de la muerte susurra mi nombre
y doy pasos de gigante hacia tu boca.

Eres el rostro de mi muerte y
de la nada que siempre
creí ser.

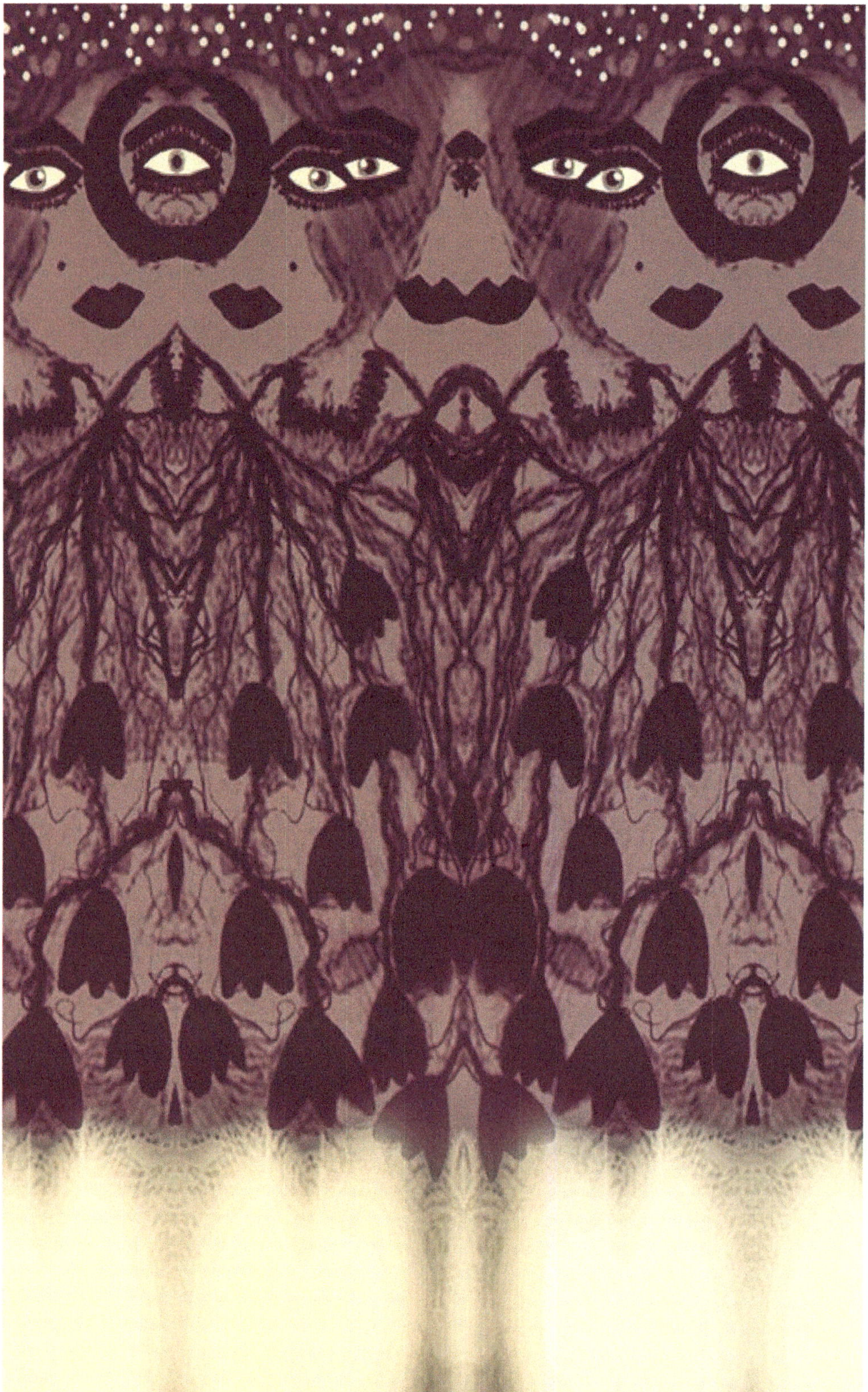

AFERRADA

Con mis mismas municiones, me disparas.

No encuentro refugio
y hay centenas de transeúntes inocentes
que son esqueletos de la vida
que ya
no viviremos juntos.

Mi hogar es un nido de trincheras.

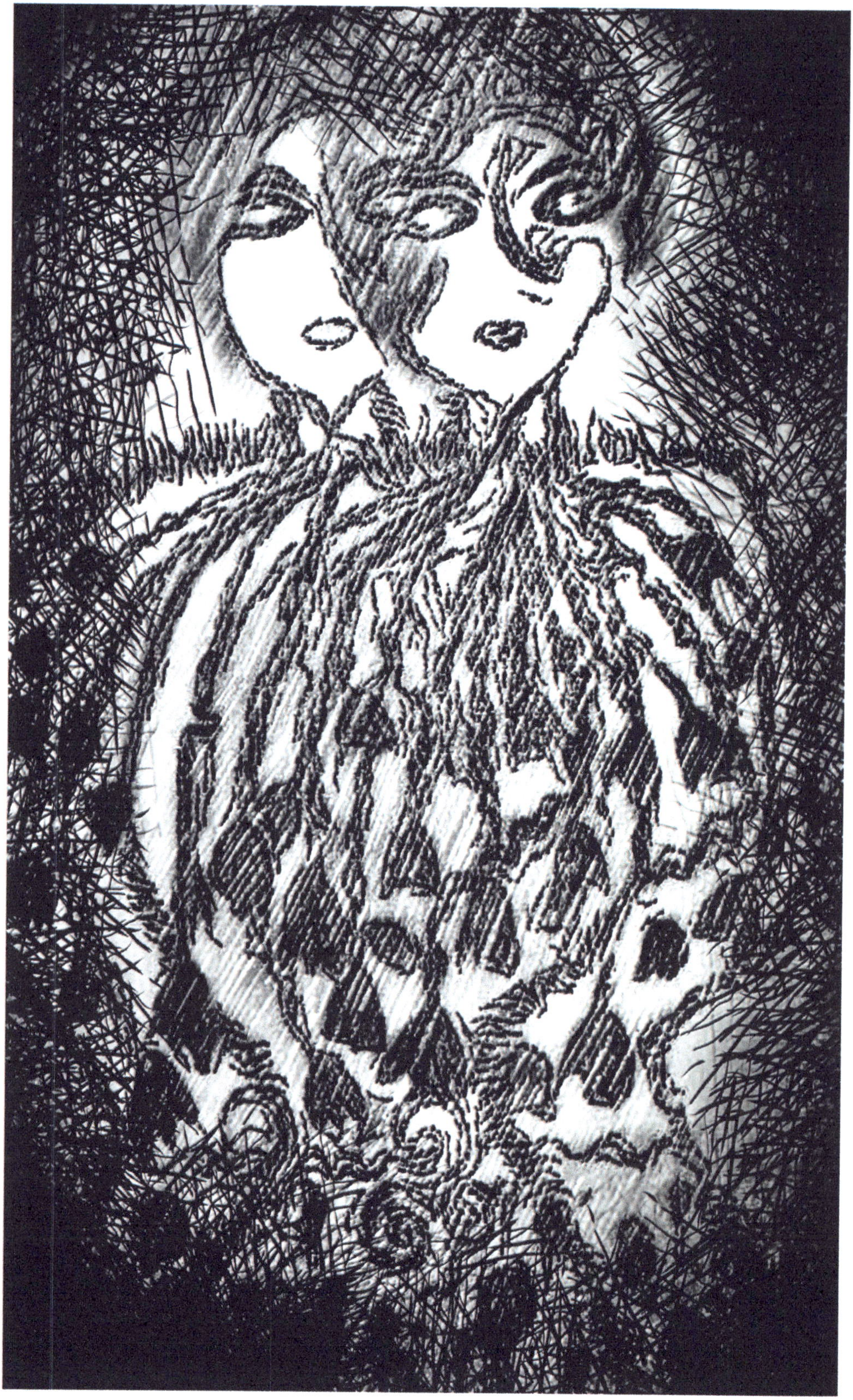

CICATRICES DE GUERRA

"Y así, Amor, en vano intenta tu esfuerzo loco ofenderme: pues podré decir, al verme expirar sin entregarme, que conseguiste matarme mas no pudiste vencerme."

—Sor Juana Inés de la Cruz

DIGNIDAD DESNUDA

Llenaste de balas mi libertad
para hacer de mí,
un campo de batalla.

En las fronteras de mi patria,
desnuda me a r r a s t r o entre tus guerras y armisticios.
Hace frío y necesito albergue
pero mi único refugio
pareces ser tú.

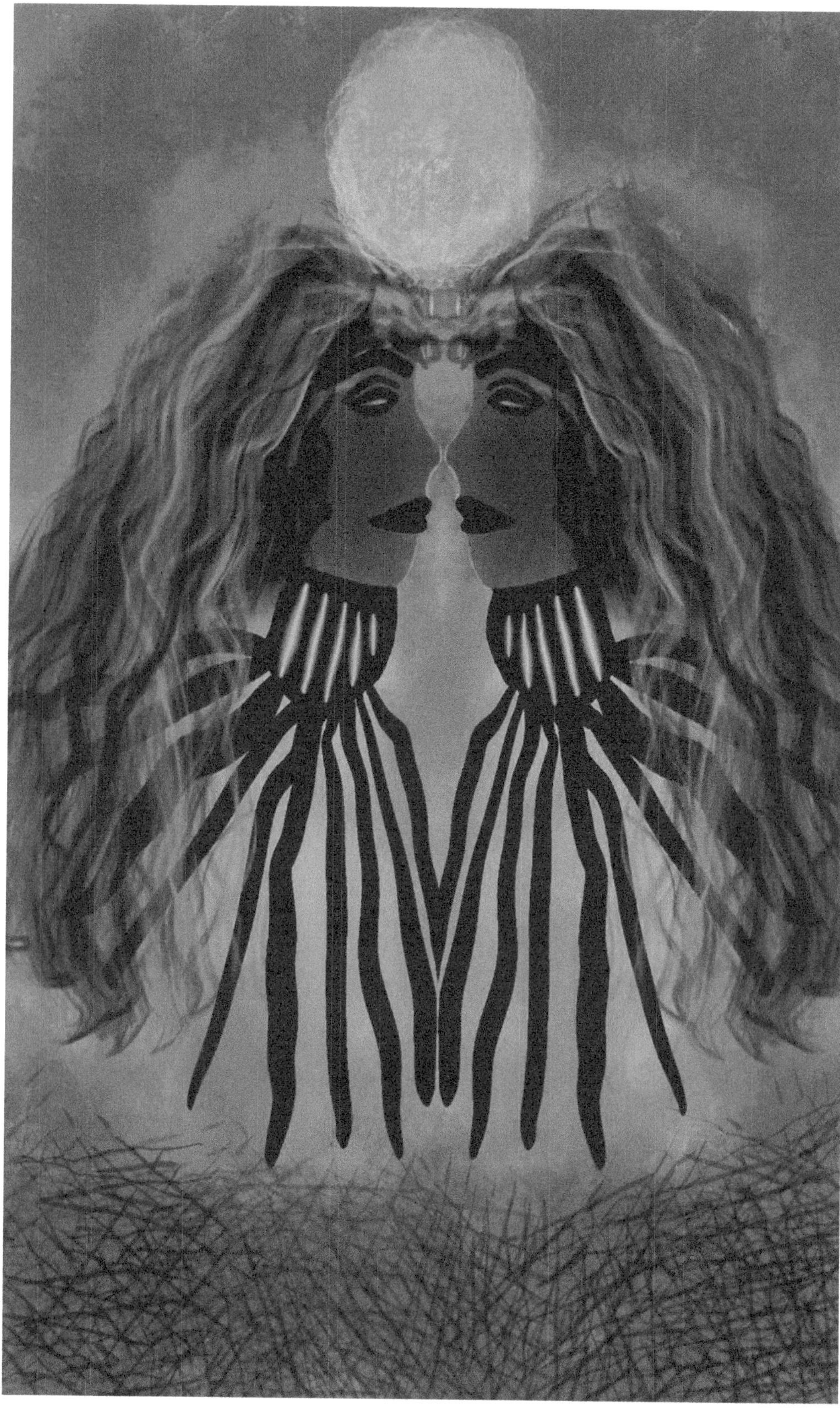

DESAHUCIADA

Sacrifico todas las primaveras
por un segundo entre los dedos de tu furia.

Asfixiarme una vez más
aunque el sol ya no acaricie y
mate.

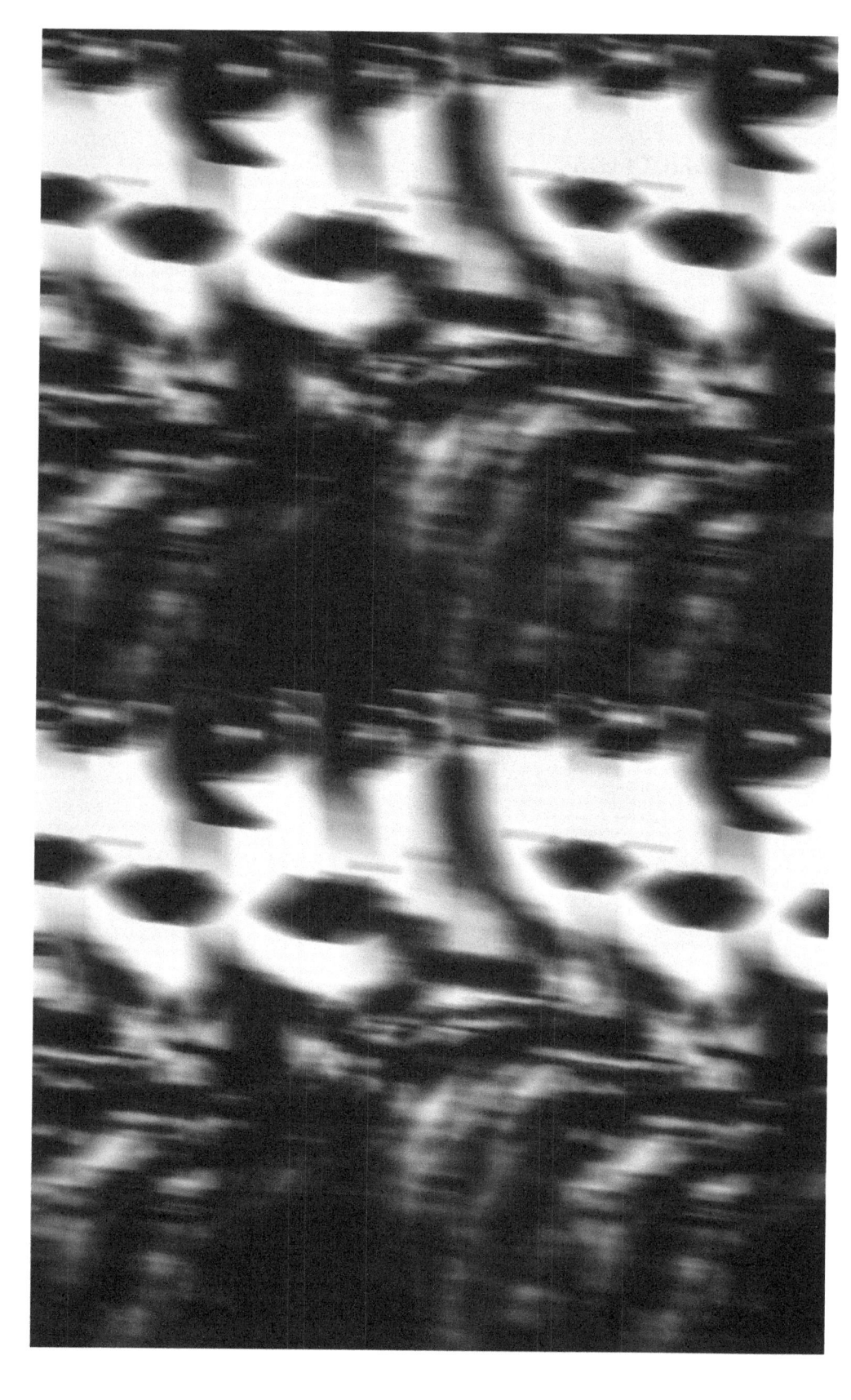

¿EXISTO?

Pierdo la vida que no viví,
pierdo una vida
que le pertenece a una ella cualquiera,
nunca a mí:
me hallo
                                        sola.

Desnuda,
sin piel;
a sangre fría,
me visten las venas que han sido soldados de guerra.

Me hallo
                                        ausente.

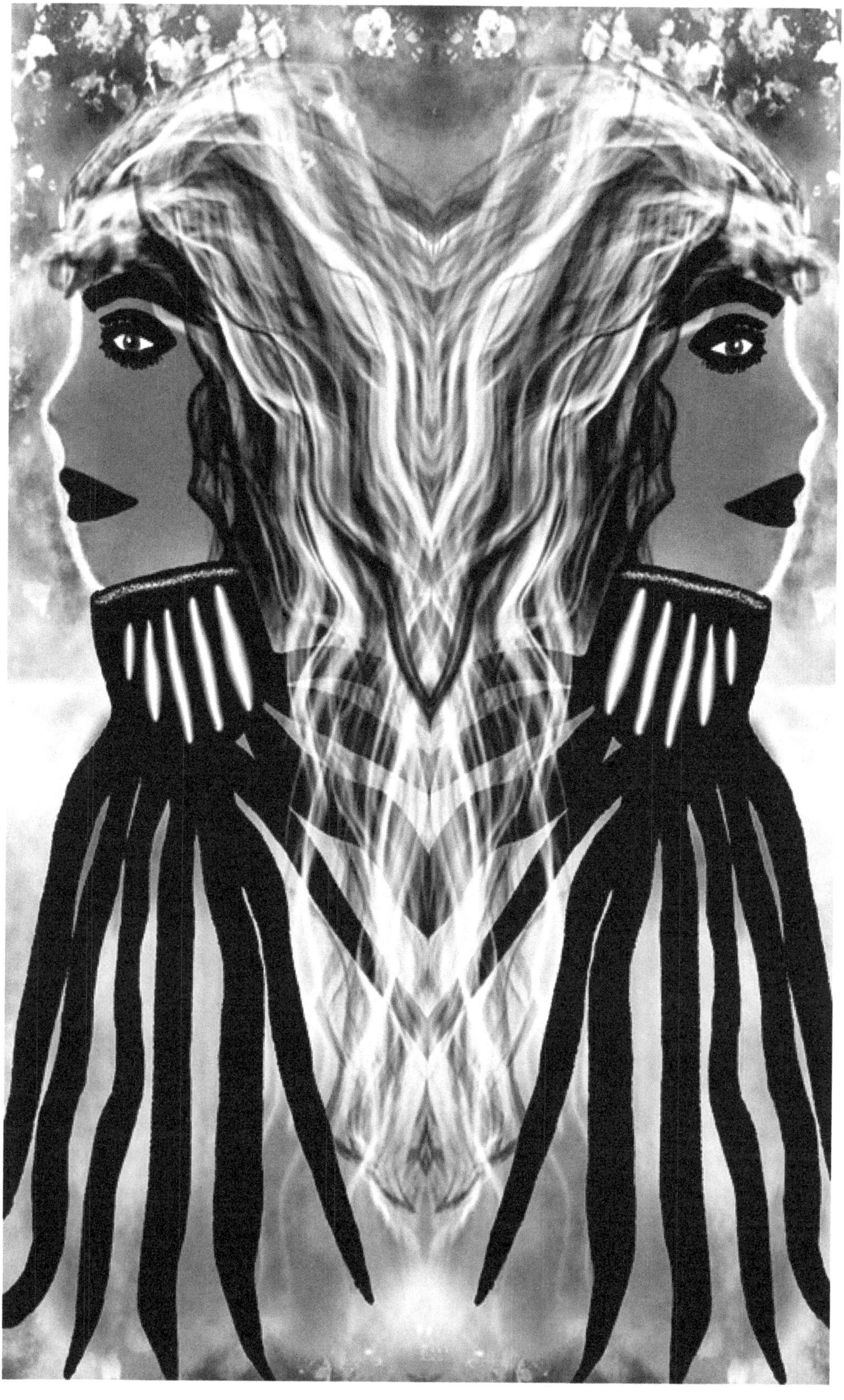

CORPUS DELICTI

Miramos hacia lados opuestos.
Somos uno y
sin saberlo
       dos.

Entre tus dos rostros
hiere el ayer.

Al final, no me robaste nada
sino
el universo de átomos
que siempre le recitaron un
       te adoro
a la feroz ausencia que se viste de ti.

Me dejas aquí
después de la conquista
perfumada con el fétido olor
de nuestro amor:
un cadáver de dos rostros
que no se miran,
que no se tocan,
que
no...

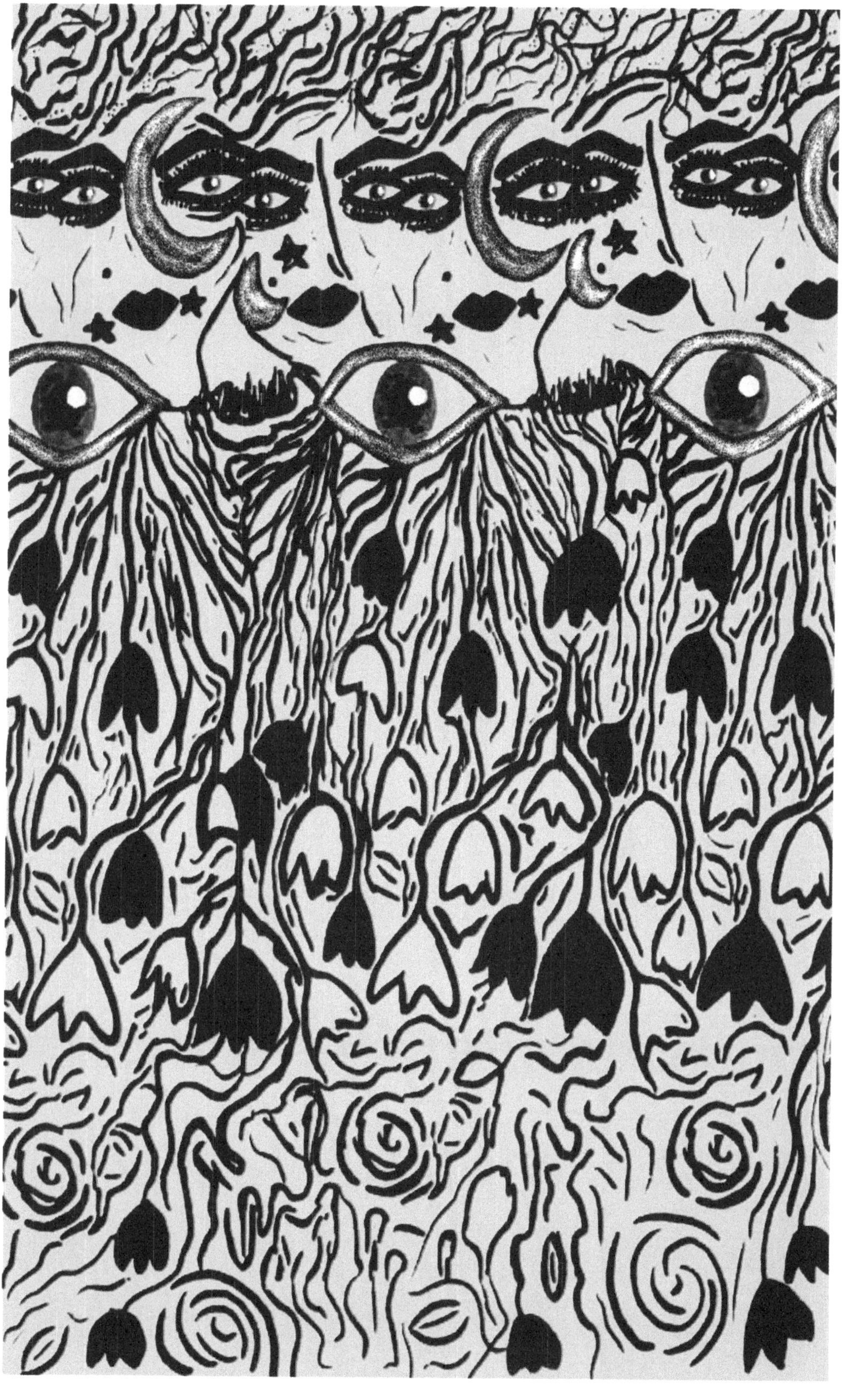

CUERPOS SEMIAUSENTES

Soy una ausente.
Soy aquel presente sin f u t u r o
que se   pierde
                                       en
                                              ti.

Soy aquel beso
—a medias—
que sabe a olvido.

Soy aquella lágrima
que abre heridas en el tiempo.

Soy la palabra que quiere nacer y
fallece en mis labios.

Soy las verdades que lloro
—y callo—:
ardo en silencios de fuego.

Eres el dios que adoro,
la piel que habito,
mi llanto ahogado y
los gemidos que muerdo
para no gritar.

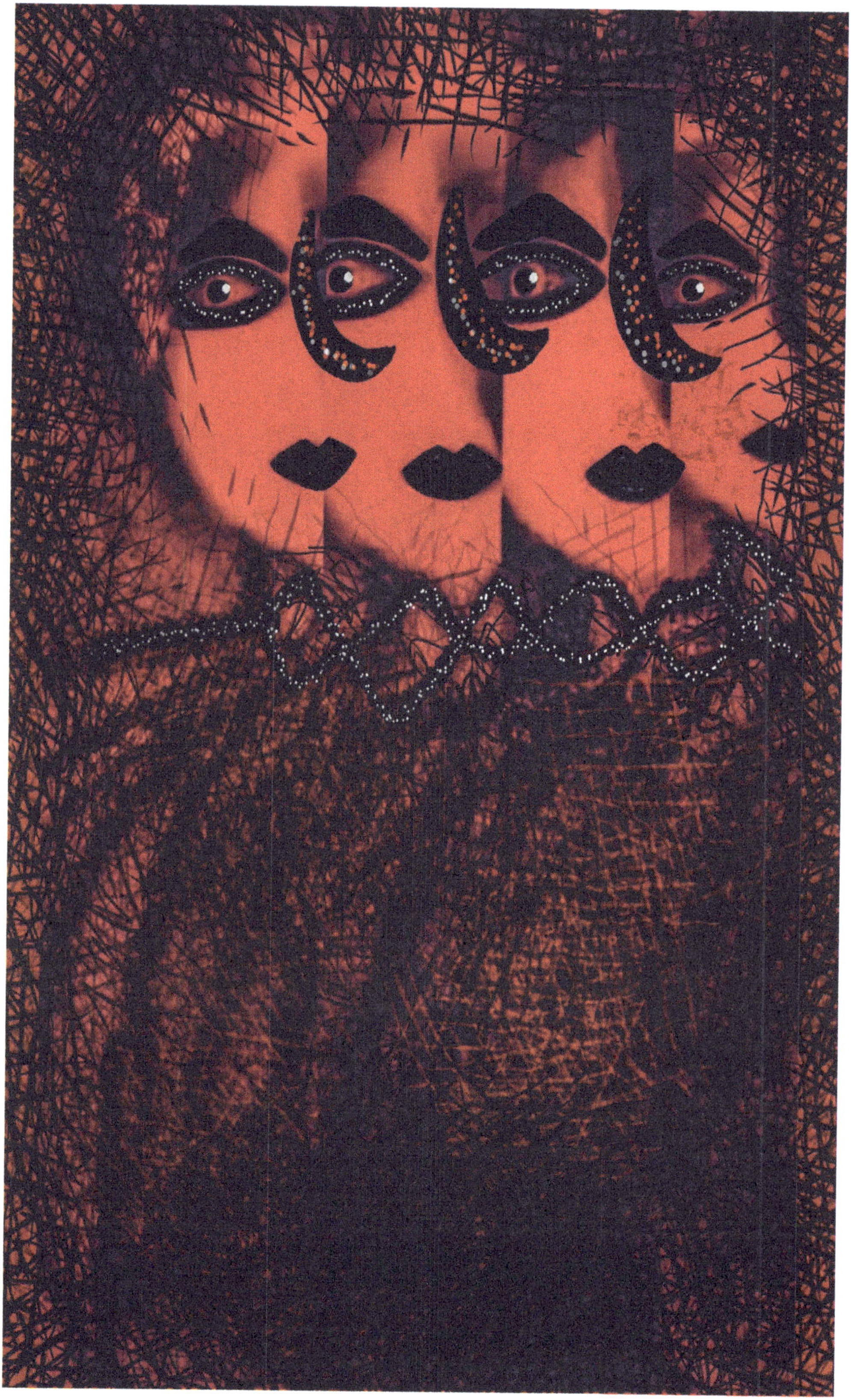

ENTRE HOGUERAS SIN HOGAR

Cada parte de nosotros aún unida,
                                   cada pliegue,
                                   cada surco,
de nuestro cuerpo
                                   mutuo
hoy se abrasa
sin abrazar.

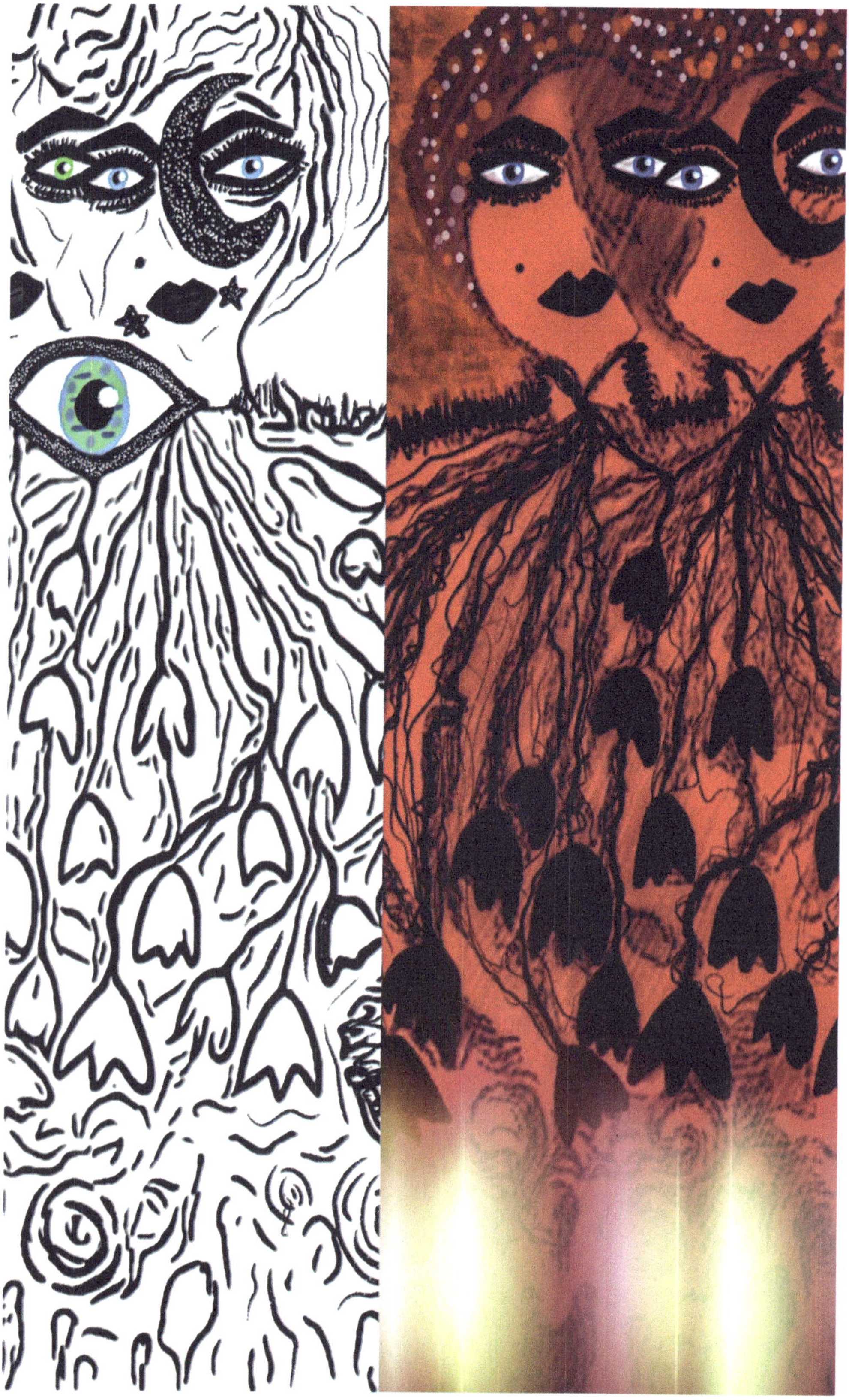

FALSAS ARMONÍAS

Hay gritos que jamás se oyen
⠀⠀⠀⠀⠀⠀⠀⠀⠀⠀⠀⠀⠀⠀⠀⠀como el mío

y maquillajes que protegen más
que la justicia.

Desnuda mi verdad.
De mí,
solo queda un espectro embriagado
⠀⠀⠀⠀⠀⠀⠀⠀⠀⠀⠀⠀⠀⠀⠀⠀de llanto,
⠀⠀⠀⠀⠀⠀⠀⠀⠀⠀⠀⠀⠀⠀⠀⠀de pena,
⠀⠀⠀⠀⠀⠀⠀⠀⠀⠀⠀⠀⠀⠀⠀⠀de golpes.

Cuando ya no respiremos el mismo aire y
mis heridas pierdan sus cicatrices…
ahí
(y solo ahí)
estaremos
⠀⠀⠀⠀⠀en paz.

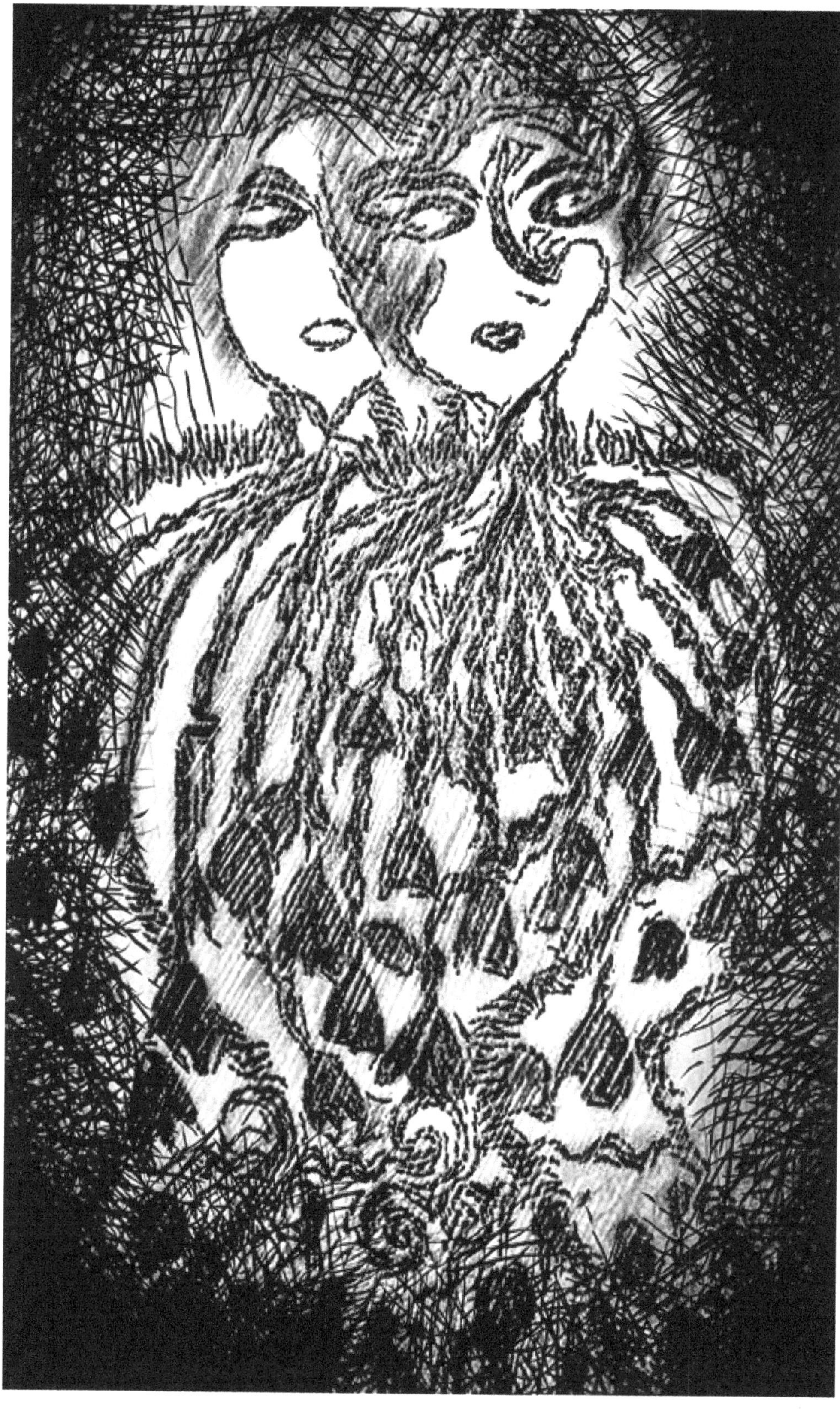

MURALLAS INERTES

Me increé en ti.

Ladrón de mi vida,
con tus gélidas manos de acero
destrozas las cenizas de mi piel,
déjame morir en mi dolor,
     dolor casi
          amor
     dolor casi
          odio.

Las paredes de mi lápida
crecen y crecen
según se queman todos nuestros paraísos perdidos.

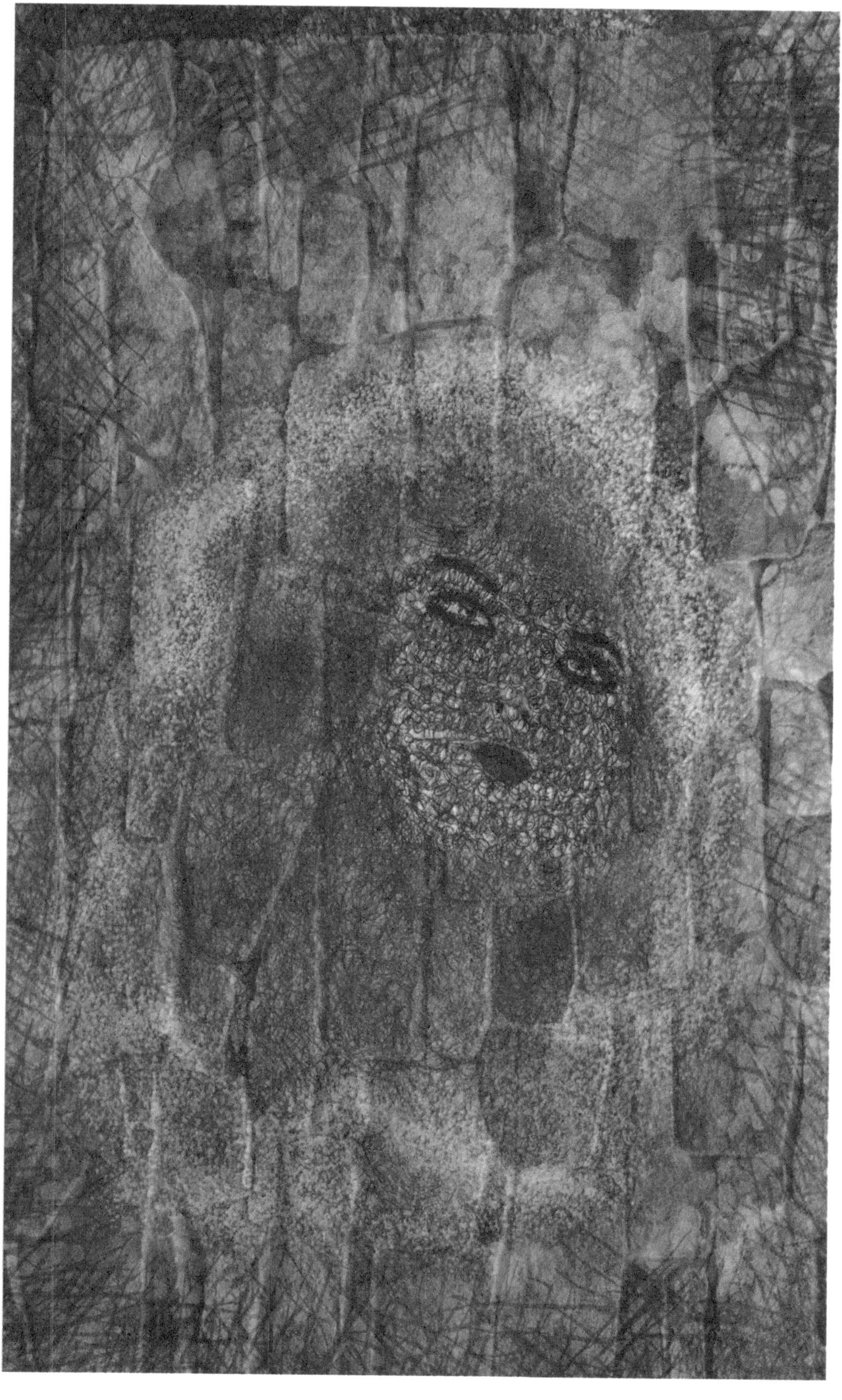

PRISIONERA

Entre tu intermitencia y
tu olvido,
mi muerte y tu libertad.

No soy héroe de guerra
sino
prisionera de contiendas.

Prefiero el fusilamiento
que no compartir una misma cama y
un mismo techo.

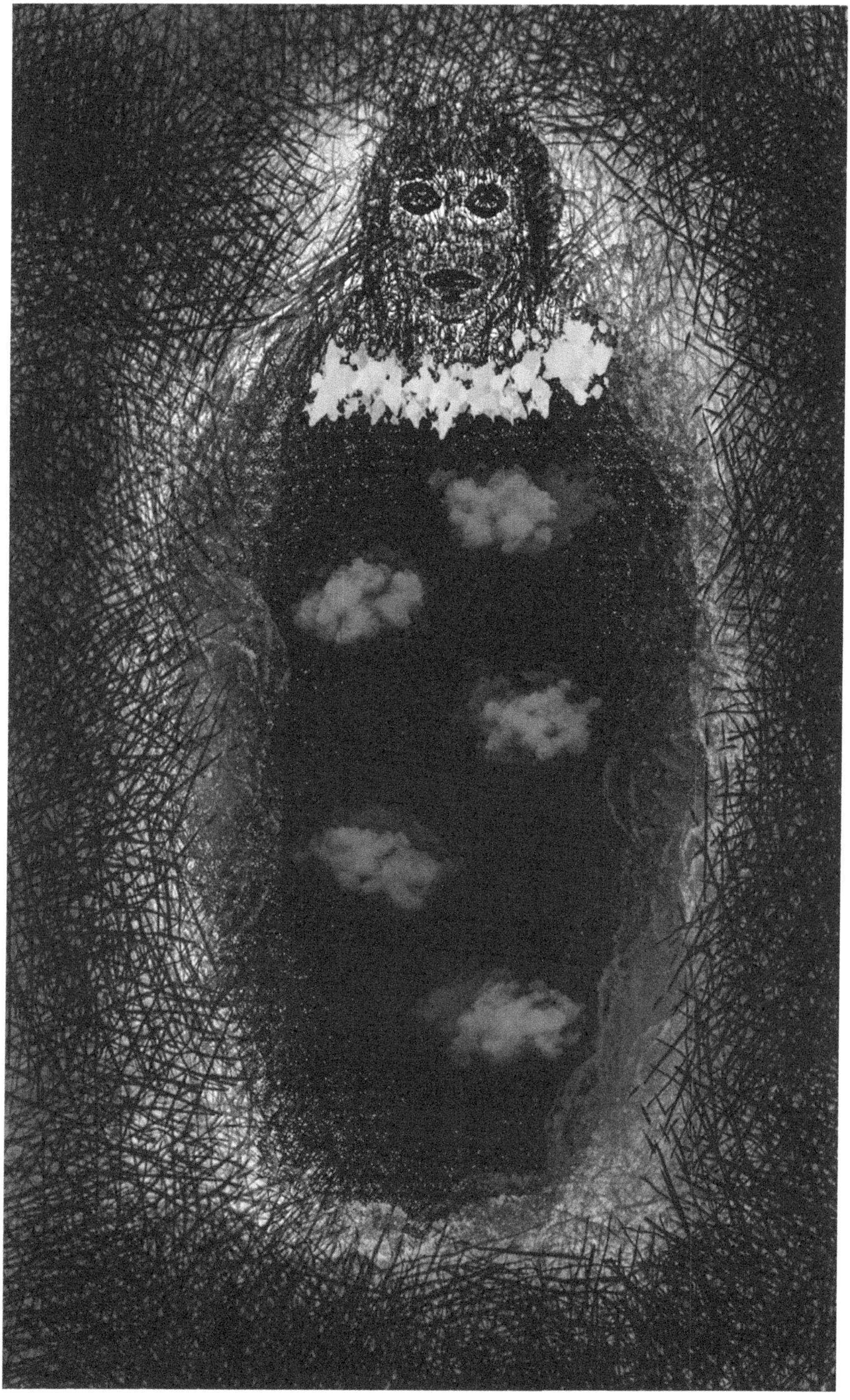

RECUERDOS (DES)ESPERANZADOS

El pasado es el humo que exhalo
en este infinito que ya no es nuestro.

Mi cuerpo
—que era tu obstáculo—
hoy es el santuario que jamás pisarás
pues te fuiste como llega la muerte
y huye la vida:
sin p   a   s   O   S .

Quiero besar el mármol que piso descalzo
que ya no es mausoleo
sino hogar.

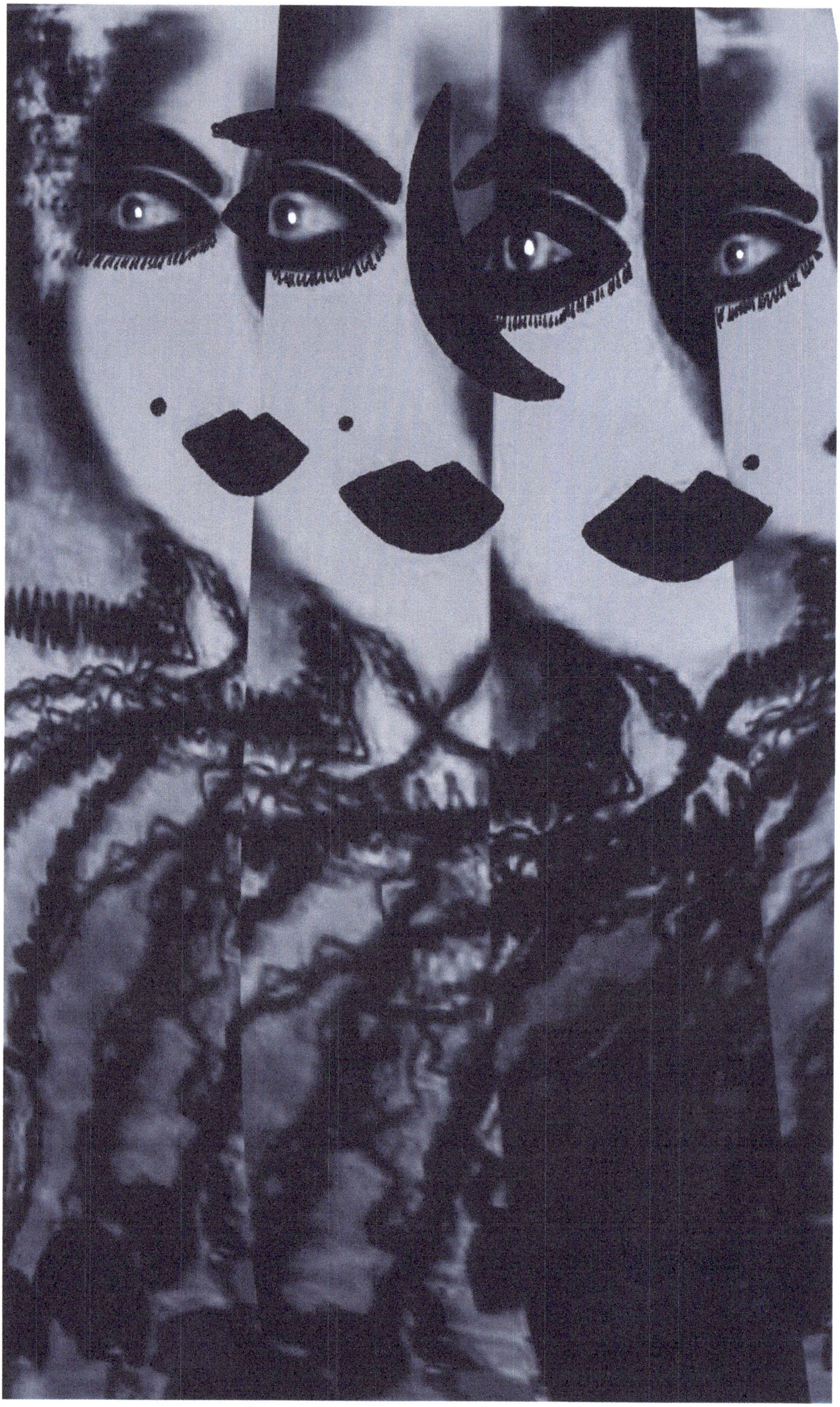

SOY UNA AUSENTE

Soy el vientre del universo que gime
y las cicatrices que escondo
y el grito que calla mi voz   r

                                           o
                                                  t

                                        a.

PERDONES

Naufragar en ti,
fue encontrar horizontes
donde te entregué
misiles que, tantas veces, usaste contra mí.

Perdonarte era como rezar cada día
> *porque tuyos son*
> *el reino,*
> *el poder*
> *y la gloria.*

EXISTENCIA PERDIDA

Vivo entre las sombras
de este cementerio de huesos
          enamorados
como quien tiene vida
para no vivirla.

ENTRE UN SOMOS Y UN SOY

Somos una nada enamorada
en este purgatorio donde
nuestras almas rotas hacen el amor.

Soy la ceniza que no tiene ayer.
Soy la semilla que no tiene mañana.
Soy la oruga que jamás volará.

ATADURAS

En las pequeñas cárceles del yo,
tú eres mi única esclavitud.

En la memoria
se edifican palacios demolidos
y barrotes de hierro donde ríen
los judas del alma.

SEDUCIDA

Me hipnotiza la muerte que seduce y
hace de nuestras estrellas muertas
un imperio celestial donde se hallarán
dos cuerpos desmembrados:
sin alma,
sin vida,
sin amor.

EL OFICIO DE NECESITARTE

Hay tormenta en mis ojos
nublados
mientras mi alma gime entre las manos
de un niño alado
que me abraza.

Me dolías,
te reías,
volvías:
te i   b   a   s…
saltando.

Ninguna yo.
Nunca yo.

Dolías,
dagas en mi vientre:
ceniza,
sal
y sangre.

TARTAMUDA

Tengo heridas de balas en las ojeras
que dejas como huellas
cada vez que disparas con la lengua
que se enreda en mi garganta
que
no no
me me
dededeja

GRITARRR.

DETONANTES

"¿Habrá alguna manera de que la mujer encuentre su modo de vida participante en la aventura varonil de la libertad, sin dejar de ser alma?"

—María Zambrano

Cambiará, hija.
¿No ves que es de "buena familia"?

Él sabrá cuánto lo amas
mientras más lo perdones.

Mira como llora arrodillado a tus pies.

Voy a rezarle mucho a Dios por ustedes.
Prende una vela y ten fe.

Los hombres gritan y cambian.

Mañana es otro día...
olvida.

—Opinión maternal

CORO POÉTICO EN RESPUESTA A LA OPINIÓN MATERNAL

Entre los límites del orgullo y la dignidad, se encuentra la niña que fui y ya no vive...

No es debilidad huir de las hogueras. La huída es la valentía que—al fin—se disfraza de dignidad y emprende vuelo como un ángel herido sin alas. Es de guerreras salir ardiendo en llamas de lo que alguna vez se llamó hogar mientras te incinera la culpa impuesta por los padres que disculpan tus gritos y los maquillan con la palabra «familia». ¿Acaso la «familia» siente cuántas veces tus golpes se me atoraron entre mi garganta y las verdades que tartatamumudeándo... callé?

Por el silencio sepulcral de los amigos que callan; el qué dirán que ahoga y no perdona; los padres que disculpan tus gritos y los maquillan con la palabra «familia»; la justicia que tiene símbolo de dólar en sus ojos—que jamás son ciegos—; el perdón que Dios te ofrece y la gloria divina que ya es
herida
y
cicatriz.

Es apoyo, no maltrato.

A todos se nos va la mano.
No seas exagerada.

Deja que entre en razón.
No lo fuerces y respeta su espacio.

Olvidar es tu salvación.

Solo reflexiona, cielito:
¿Haz hecho algo para enojarlo?

—Opinión paternal

CORO POÉTICO EN RESPUESTA A LA OPINIÓN PATERNAL

Entre los límites del orgullo y la dignidad, se encuentra la niña que fui y ya no vive.

No hay excusas para una mano de acero. Las caricias ya no se vuelven golpes si te enojo. La agresión es propia de las bestias que la única razón que conocen es la rabia. No es debilidad huir de las hogueras. La huída es la valentía que—al fin—se disfraza de dignidad y emprende vuelo como un ángel herido sin alas. Es de guerreras salir ardiendo en llamas de lo que alguna vez se llamó hogar mientras te incinera la culpa impuesta por los padres que disculpan tus gritos y los maquillan con la palabra «familia». ¿Acaso la «familia» siente cuántas veces tus golpes se me atoraron entre mi garganta y las verdades que tartatamumudeándo… callé?

Por el silencio sepulcral de los amigos que callan; el qué dirán que ahoga y no perdona; los padres que disculpan tus gritos y los maquillan con la palabra «familia»; la justicia que tiene símbolo de dólar en sus ojos—que jamás son ciegos—; el perdón que Dios te ofrece y la gloria divina que ya es
herida
y
cicatriz.

Dejarlo es una misión suicida.

La justicia se desnuda ante el poder y
se viste de dólar.

Quiero que respires mañana.
No quiero verte en un periódico...
muerta.

—Opinión de la "justicia"

CORO POÉTICO EN RESPUESTA A LA OPINIÓN DE LA "JUSTICIA"

Entre los límites del orgullo y la dignidad, se encuentra la niña que fui y ya no vive.

El miedo es la jaula que se interpone entre la voluntad y la justicia. El poder es un banco de lealtades cuyo máximo interés es la muerte de la verdad... hasta la muerte en sí. Es en los juzgados donde la dignidad y la vida humana tienen un precio. Sin embargo, ¿quién repara tanto daño cuando el dinero pesa más que las verdades en la balanza de la justicia? Para el ordenamiento jurídico, el agresor siempre tendrá la presunción de inocencia; la víctima, jamás.

Por el silencio sepulcral de los amigos que callan; el qué dirán que ahoga y no perdona; los padres que disculpan tus gritos y los maquillan con la palabra «familia»; la justicia que tiene símbolo de dólar en sus ojos—que jamás son ciegos—; el perdón que Dios te ofrece y la gloria divina que ya es
herida
y
cicatriz.

Te lo buscaste por perdonarlo...
lo amas más que a ti misma
e ignoras mi amistad
tanto como a tu dignidad.

Mi familia no puede ser maldita
por sus golpes
y tus moretones.

El golpe más fuerte para mí...
perder a mi familia
por alguien que no se ama.

Me cansé de ayudarte y
su poder aplasta mi humilde valentía
que ante su dinero...
muere.

A pesar de mi rabia,
te quito la mano amiga que algún día te ofrecí.

No tienes el valor de dejarlo
ni yo la paciencia para verte así:
entre lágrimas,
vómitos,
alcohol,
moretones
y heridas.

No puedo buscarte más.

Te lo buscaste.

Silencios.

—Opinión "fraternal"

CORO POÉTICO EN RESPUESTA A LA OPINIÓN FRATERNAL

Entre los límites del orgullo y la dignidad, se encuentra la niña que fui y ya no vive.

Duelen tanto como los golpes el que me digas, amigo, que me lo he buscado. Hiere la condena de un «Te lo buscaste». La amistad nunca debe tener fecha de caducidad. No es debilidad huir de las hogueras. La huida es el vuelo que emprende un ángel guerrero herido sin alas. El amigo que da la espalda en vez de la mano, no es amigo, sino traidor. No hay espacios para cobardía después del primer grito ni después del primer golpe. Ahora tengo que lamer mis heridas a solas por miedo o por vergüenza. ¿Sobreviviré?

Por el silencio sepulcral de los amigos que callan; el qué dirán que ahoga y no perdona; los padres que disculpan tus gritos y los maquillan con la palabra «familia»; la justicia que tiene símbolo de dólar en sus ojos— que jamás son ciegos—; el perdón que Dios te ofrece y la gloria divina que ya es
herida
y
cicatriz.

¿Estás segura de que quieres hablar?

Te culparemos,
pues mientes
como todas las que rompen el silencio.

Las mujeres como tú...
siempre exageran
al confundir malos entendidos con maltrato.

¿Por qué te quejas?
Al golpearte,
te llenan de flores y regalos.

Los hombres tienen derecho a arrepentirse,
en especial
si son hombres "de bien":
aquellos que alabamos por
ir a misa todos los domingos y
trabajar
de sol a sol.

No te hagas más la víctima.

—Opinión del yo adoctrinado

CORO POÉTICO EN RESPUESTA A LA OPINIÓN DEL YO ADOCTRINADO

Entre los límites del orgullo y la dignidad, se encuentra la niña que fui y ya no vive.

Yo no soy mi crianza. Me libero de las doctrinas que no me dejan volar. No temo ya callar. Hablar es mi liberación. De mis alas rotas, nace el vuelo lejos de los golpes y los gritos. Ya no soy mis golpes. Ya no soy el maquillaje que uso para esconderlos. Callar ya no es mi derecho. Vengo desarmada también ante el qué dirán... ¡Júzguenme!

Por el silencio sepulcral de los amigos que callan; el qué dirán que ahoga y no perdona; los padres que disculpan tus gritos y los maquillan con la palabra «familia»; la justicia que tiene símbolo de dólar en sus ojos—que jamás son ciegos—; el perdón que Dios te ofrece y la gloria divina que ya es
herida
y
cicatriz.

¿Por qué lo cuentas ahora?

Si era tu pareja,
¿por qué tenía que forzarse
—vez tras vez—
dentro de ti?
Es tu pareja,
no un desconocido.

¿No querías complacerlo?

¿Se te hace tan difícil intimar con los hombres
porque no te gustan?

Quizá se fue con otra porque
estar contigo era agotador porque
es un infierno amar
a quien vomita tanto como respira y
quien se niega a darle placer cuando él quiere.

Él se fue con mujeres de verdad.
Sin embargo,
¿tú,
quién eres?

—Opinión del terapeuta sesgado

CORO POÉTICO EN RESPUESTA A LA OPINIÓN DEL TERAPEUTA SESGADO

Entre los límites del orgullo y la dignidad, se encuentra la niña que fui y ya no vive.

Cada una de nosotras, elegimos nuestro turno de decir nuestra—y la única—verdad… aquella que nos desgarra la piel al contarla. Tantas veces traté de complacerlo para ser siempre un objeto más nunca una mujer. Cuéntalo. Muchos querrán el silencio a golpe de preguntas que solo buscan asustar e intimidar a la verdad. Nada duele más que callar. Callar es tener miles de heridas entreabiertas que se llenan de sal según pasan los días. Existen manos amigas, oídos abiertos y abrazos de calma. Es la única opción. Intentar, pero jamás callar. Rendirse no es una opción porque si no el silencio le ganaría la batalla a la justicia.

Por el silencio sepulcral de los amigos que callan; el qué dirán que ahoga y no perdona; los padres que disculpan tus gritos y los maquillan con la palabra «familia»; la justicia que tiene símbolo de dólar en sus ojos—que jamás son ciegos—; el perdón que Dios te ofrece y la gloria divina que ya es
herida
y
cicatriz.

Recuerda que *mientras mayor sea su arrepentimiento,
mayor será su perdón.*

Las puertas del cielo se abren
tanto para ti
como para él.
No temas.

*Mientras más perdones la ofensa,
más cultivas el amor.*

El perdón todo lo puede.

Yo también perdonaré tus pecados
así como se los perdonaré a él.

—Opinión divina

CORO POÉTICO EN RESPUESTA A LA OPINIÓN DE LA OPINIÓN DIVINA

Entre los límites del orgullo y la dignidad, se encuentra la niña que fui y ya no vive.

Yo siempre seré juzgada: ante ti, la justicia y el dios que cada quien adore. Mientras más te arrepientas, el perdón divino te corona tanto como el dólar que intenta hacer justicia. Siento que he sido desterrada del paraíso desde que invadiste mi cuerpo. No quiero ser víctima tanto de ti como de una divinidad que se olvida constantemente de mí…

Por el silencio sepulcral de los amigos que callan; el qué dirán que ahoga y no perdona; los padres que disculpan tus gritos y los maquillan con la palabra «familia»; la justicia que tiene símbolo de dólar en sus ojos—que jamás son ciegos—; el perdón que Dios te ofrece y la gloria divina

que ya es
herida
y
cicatriz.

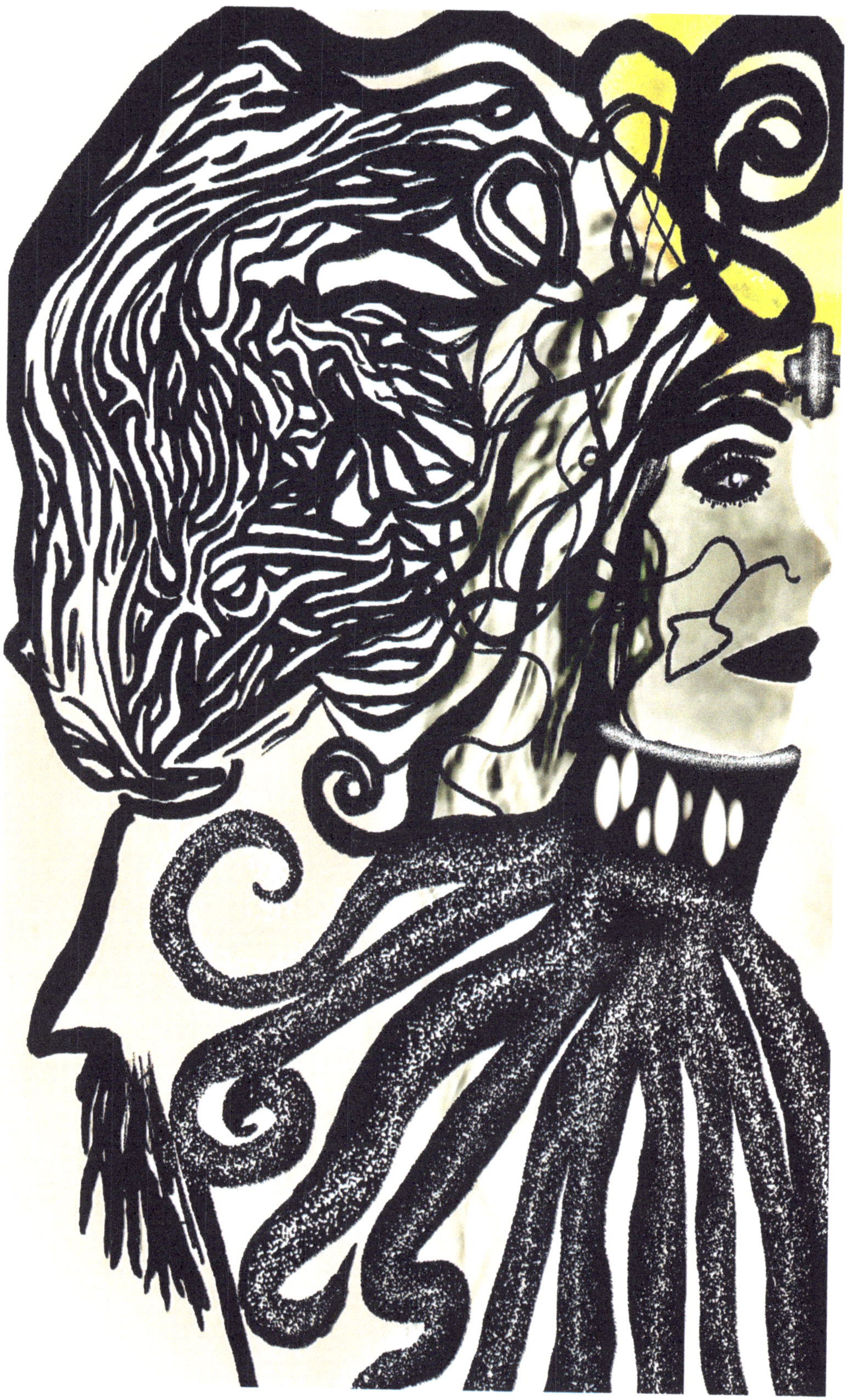

JAQUE AL REY

"... a nadie tu fe destina, conserva libre tu mano, huye del lazo inhumano, que el amante más rendido es, transformando en marido, un insufrible tirano."

—Margarita Hickey

RECONQUISTA

Jamás pensé que la soledad
golpeara más fuerte
que tu mano de acero.

Aunque todavía el miedo pese más
que el recuerdo…
mi patria
ya
no
está en tus golpes.

EL NACIMIENTO DE MI PRIMAVERA

Ya no estoy desnuda de flores
ni me deshojan tus inviernos.

Hoy soy
—por vez primera—
mi propia primavera.

FLORECIDA

Soy de pétalos y
cicatrices,
pero soy la ama de cada una
de mis mañanas
donde amanezco
florecida.

Mi piel de pétalos es
mi escudo
y mi santuario,
y mi tesoro,
y mi único hogar.

Hoy elijo florecer.

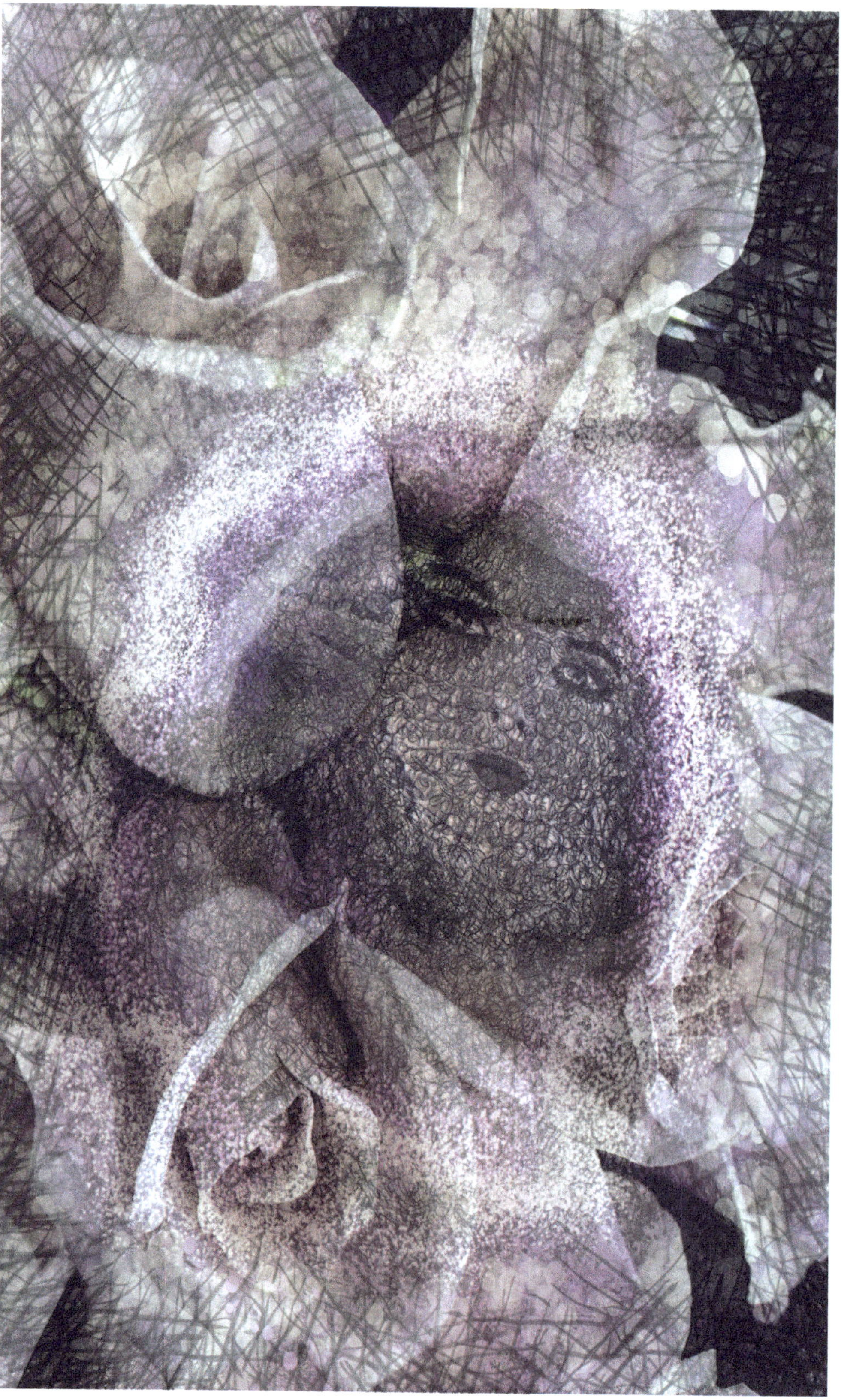

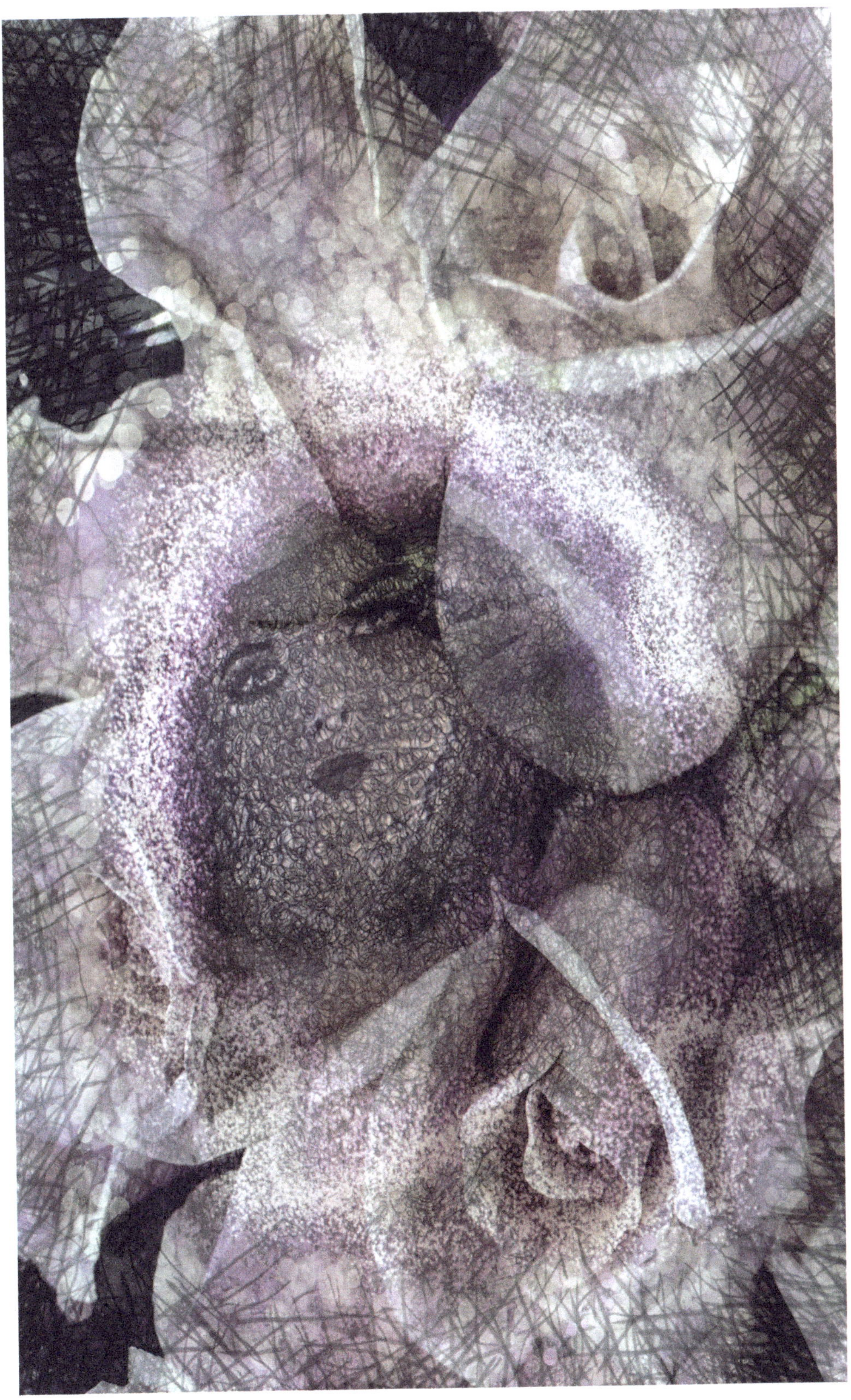

LAS FLORES QUE DEJARON DE SER BALAS

C
a
í

m
i
l

v
e
c
e
s
pero la fe tiene cuerpo de batalla y
dedos de paz que acarician estas cicatrices
                              que son mi hogar.

Hoy las flores dejaron de ser balas y
me visto de pétalos.

Cada herida la acaricio con
la miel de mi respirar.
Tengo vida y le digo adiós al miedo
con las únicas manos que pueden tocarme
(mis manos).

Soy mi propia estrella fugaz:
Pido un deseo:
A(r)marme.

DIOSA

Ya tu fuego no me azota.
Ahora yo soy
el fuego,
el poder y
la gloria.

Soy mi credo.

MI PROPIO REFUGIO

En mi cuerpo de batalla
—después de esta guerra (des)enamorada—
no hay espacio para ti.
~~Ya no te nombro.~~

Ya no estoy desarmada
ni se dibujan arcoíris de llanto
en mis ojos

                                        que al fin
                                        pueden ver

ni me a r r a s t r o
en las fronteras de mi patria
entre tus guerras y armisticios.

Soy mi único refugio:
jaque al rey.

EL NACIMIENTO DE MIS PROPIAS CARICIAS

Acariciarme
es sentir que arrullo a mi niña interna
y beso
todas mis estrellas
bañada en la miel del universo
                                        que es solo mía.

Ya entendí que amarme
es caminar sobre el sol y
saborear el perfume de las estrellas fugaces.

ROTURAS DEL SILENCIO

Romper el silencio
es tener espadas en mi garganta,
golpes en el recuerdo,
un fierro punzante en el alma,
pero queda prohibido callar.

Las palabras de las verdades que callamos
       son…
alerta   huida
refugio   hogar
     salvación.

QUEDA PROHIBIDO CALLAR

Borro con mi esperanza
el significado de la palabra «miedo» y
siento que camino
–por vez primera–
 sobre una libertad
que me negaste a
gritos   golpes
heridas   llanto
       esclavitud
«No soy las verdades que callo».

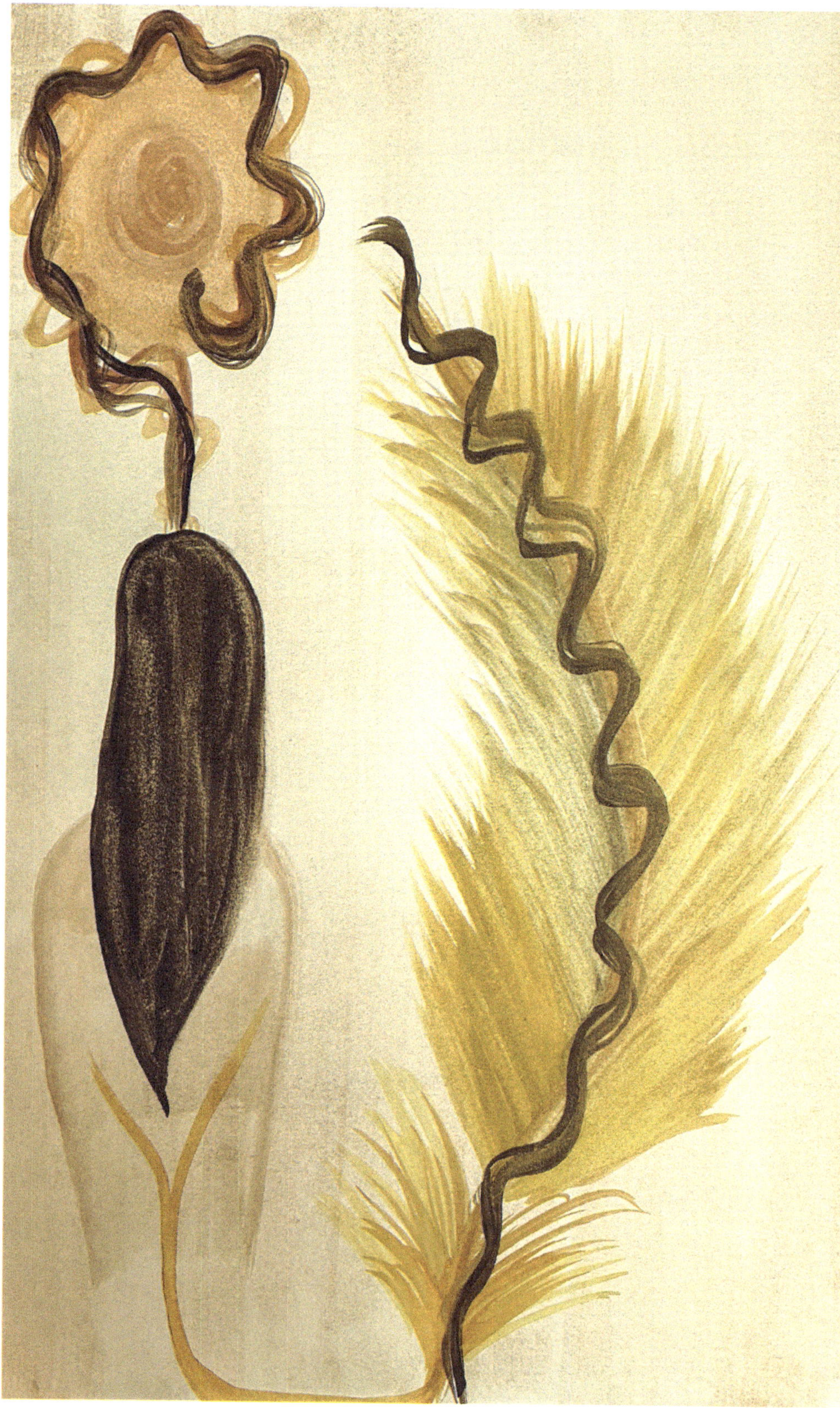

AVE FÉNIX

Le nacen alas a mi esperanza y
amanece en mí.
Soy mi sol y mi galaxia.

Soy el sol
de lo que un día fue hoguera:
renazco.

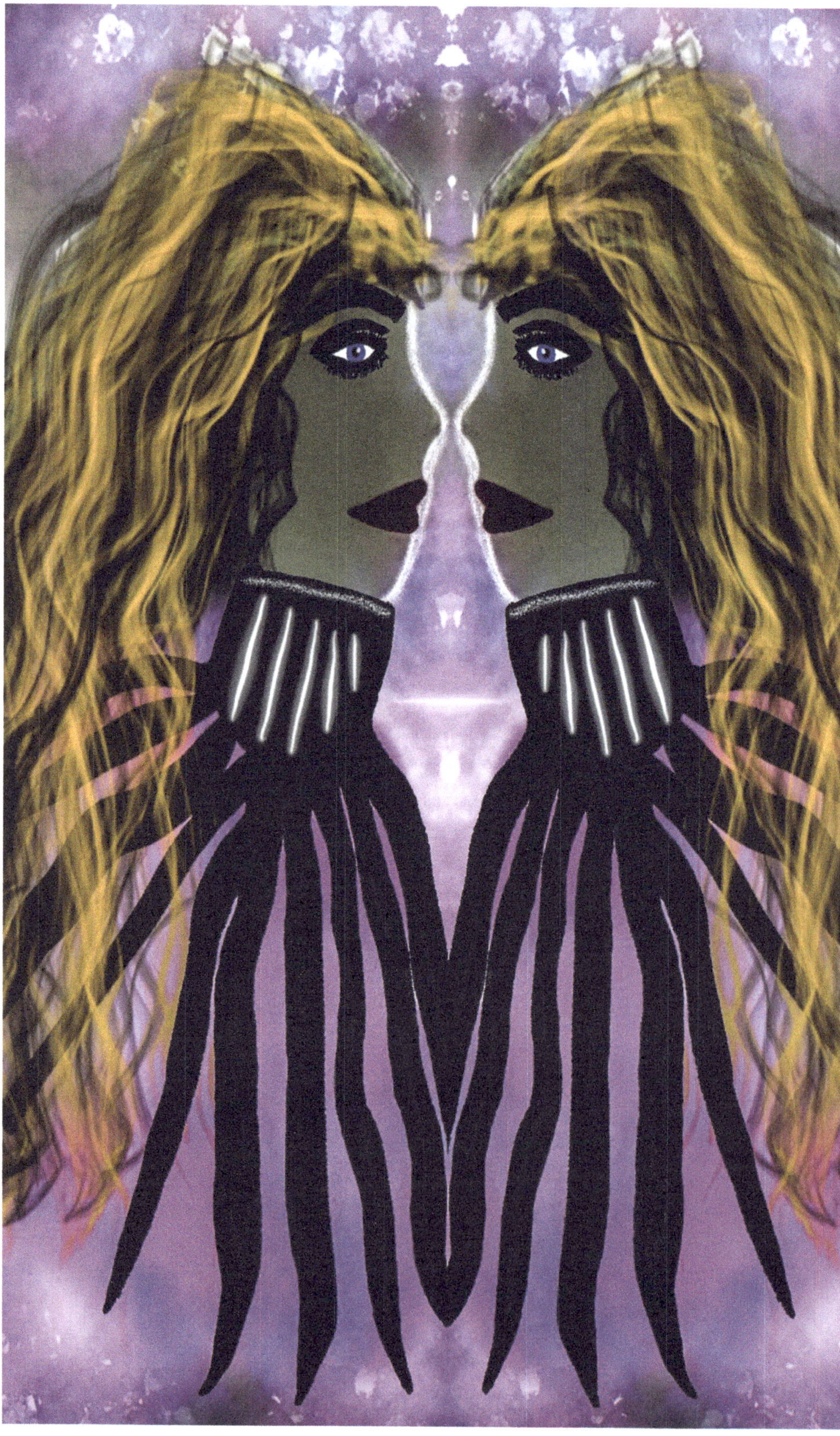

RENACER

Soy el perfume de todas las
raíces de mi alma guerrera y
la energía creadora del universo.

Soy la dueña de mis flores y mis capullos.
Me adueño de la miel de todo nuestro universo…
que era
—y siempre fue—
solo mío.

Vuelvo
a mí.

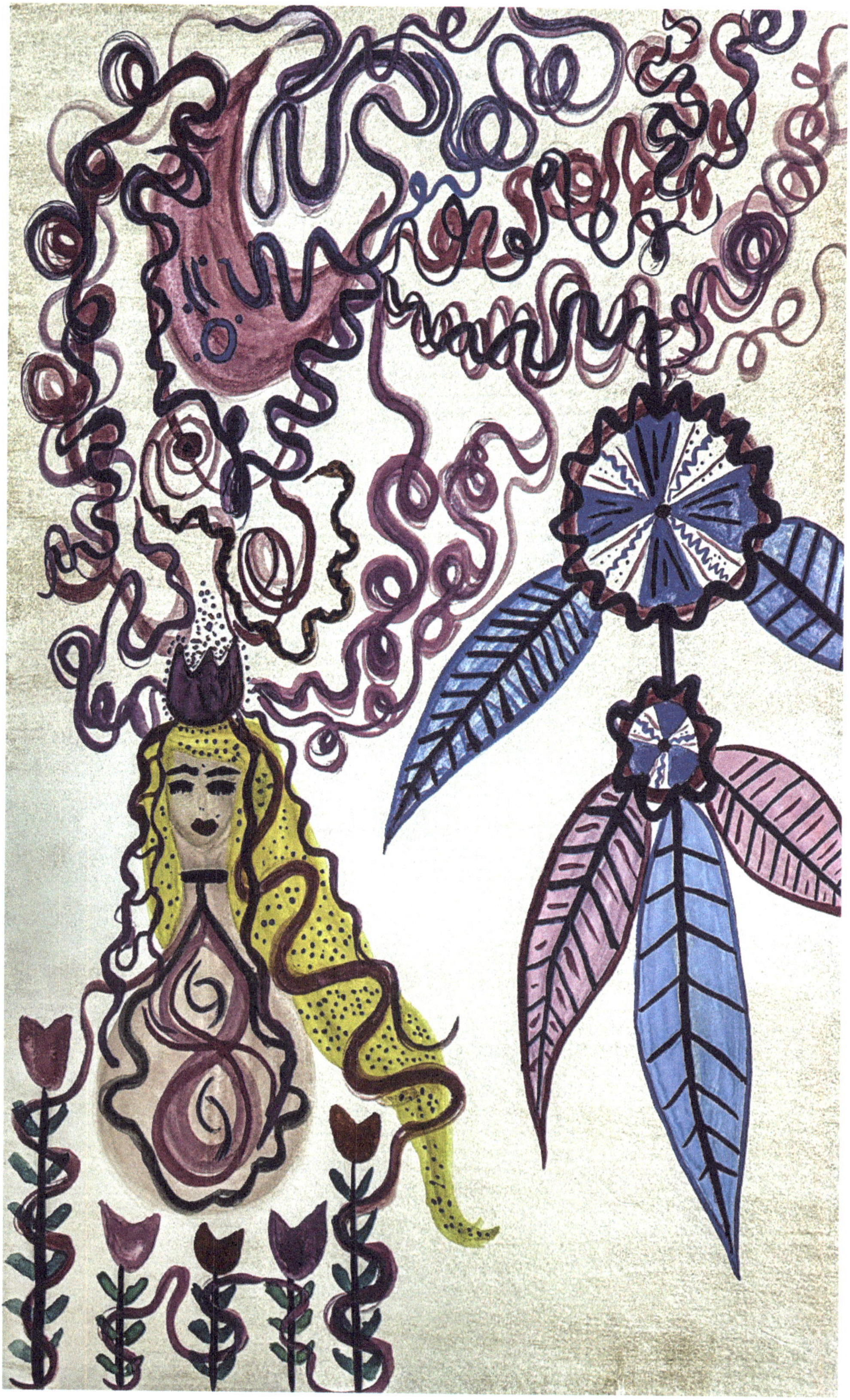

REINO FLORECIDO

Siembro besos en vez de puñales
porque soy reina de mi destino
y la diosa de mi paraíso.

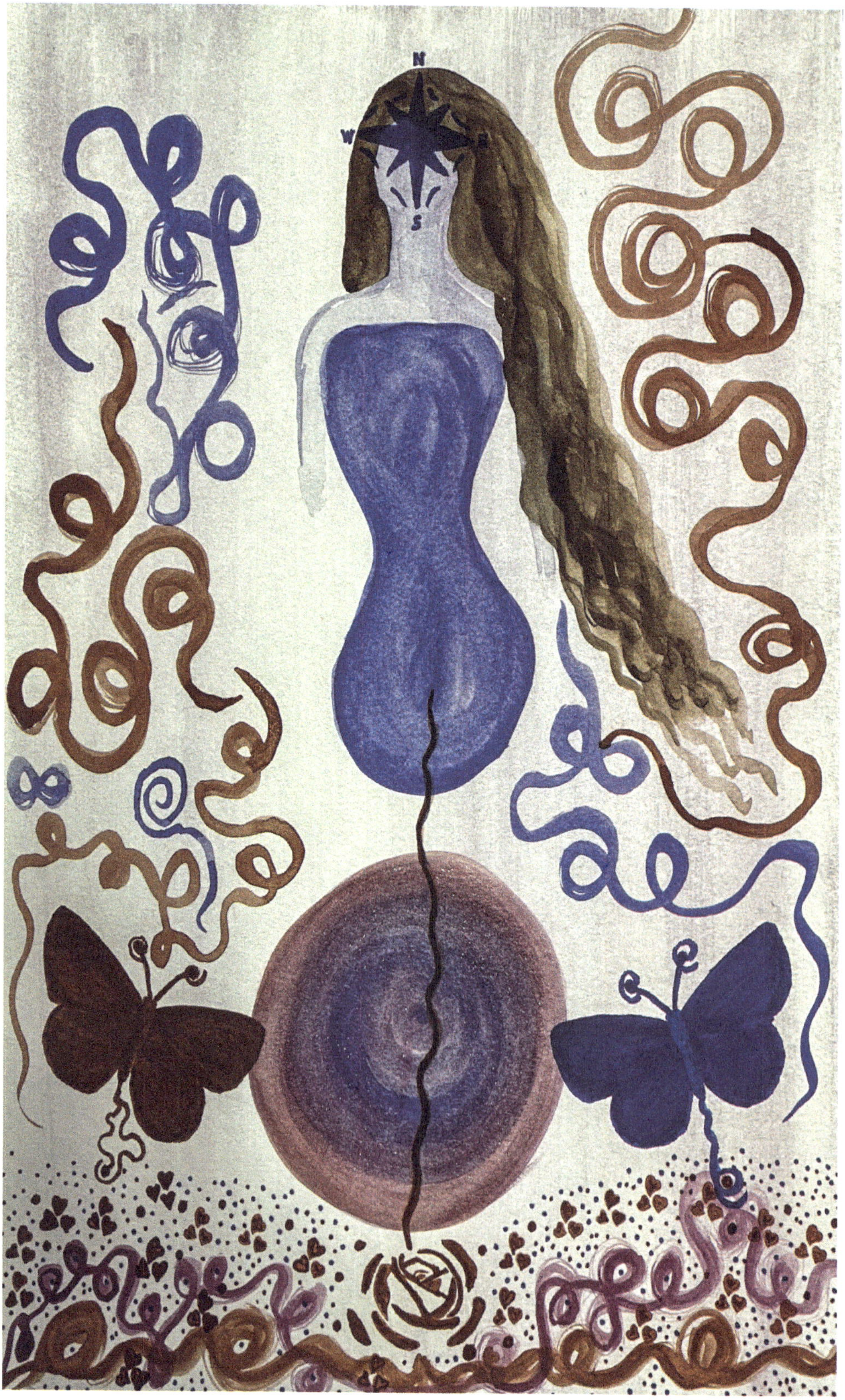
N
W
S

AUTODESCUBRIMIENTO

Al fin sé que mirar hacia las estrellas
es mirar dentro de mí.

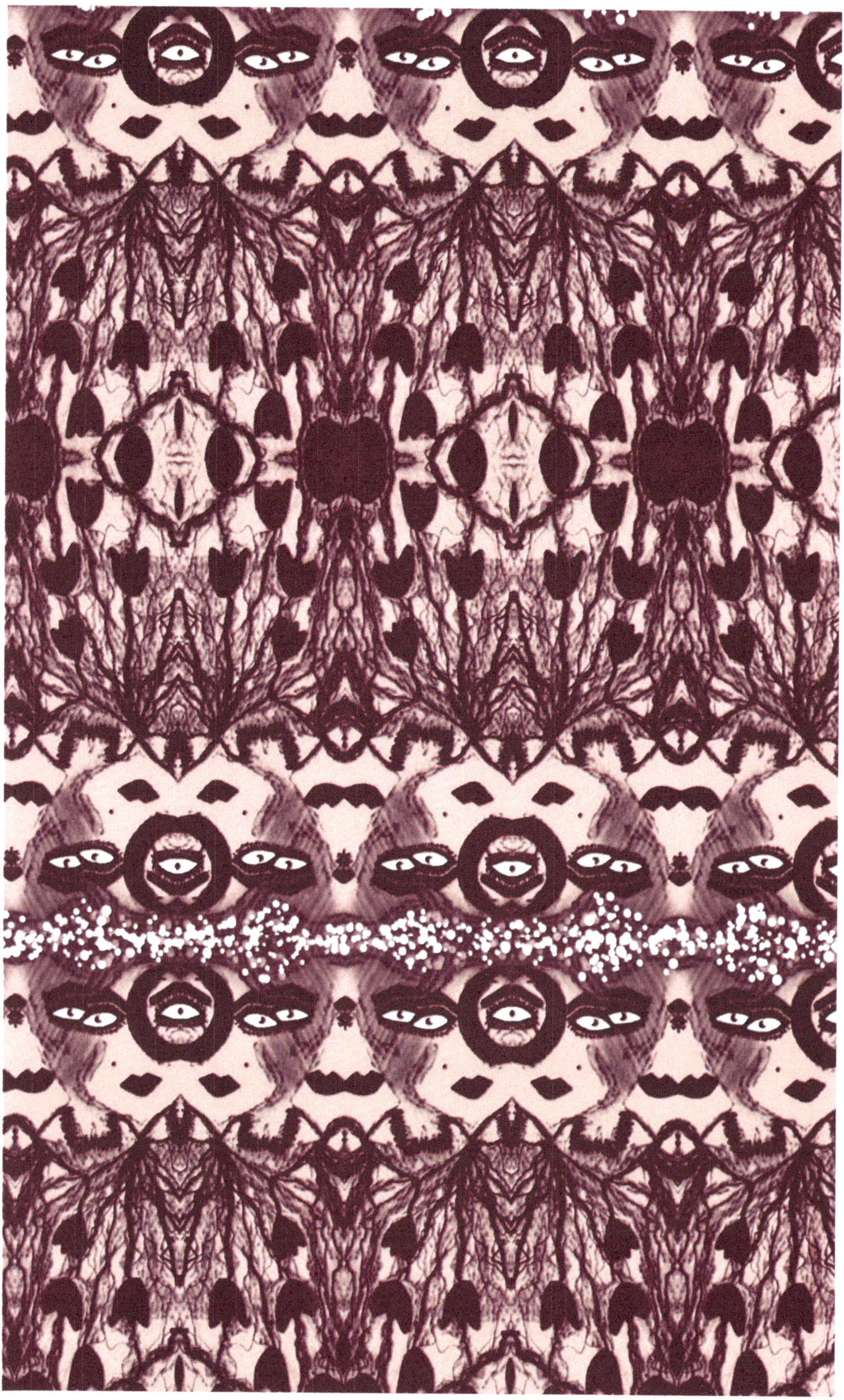

GRITOS (NO) HERIDOS

Ya no soy mi sombra y
mi voz encuentra hogar
en mí.

No soy la muda que calló
y se desplomó ante el aire que se volvió grito.

Soy yo…
mi GRITO.

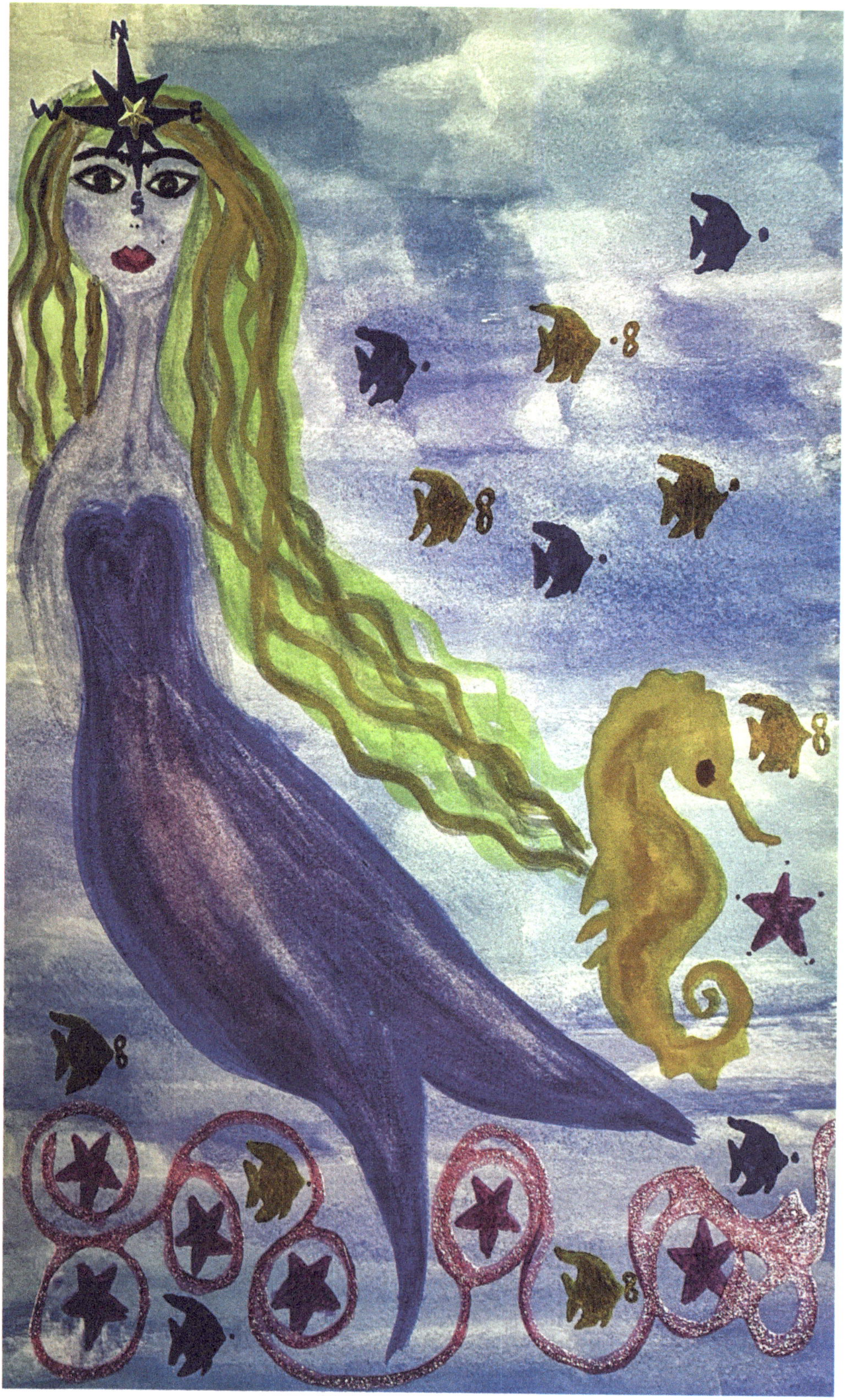
N
W
E
S

VOLVER A MÍ

Soy mi propio cuento de hadas
que terminará y empezará
con un «me amo».

MI DECLARACIÓN DE PAZ

De cada herida,
florece un mañana.

Soy la eternidad entre los dedos de la primavera que
soy...
YO.

DIGNIDAD

Mi cuerpo vivo es mi única señal de la batalla.
Soy mis heridas, pero también soy
mi lucha y
                al fin
mi yo.

OLVIDOS SELECTIVOS

Ya no eres todas mis muertes
ni mi vida trunca:
renacida.

LAMER HERIDAS

Ahora que soy primavera,
ya no tengo miedo a tu frío.

Soy todos los besos de mi boca
                                    jamás tuyos.

ORGASMO EXPLOSIVO

Me hago el amor todos los días y
llego a sentir el palpitar de las estrellas
en cada suspiro.

EXILIADO

Mi escudo son los capullos de mi cuerpo…
mi reino
mi universo.

~~Tengo miedo que mi escudo no pueda contra tus golpes.~~

Te exilio de mi paraíso.

LO QUE QUEDA PROHIBIDO

En este final,
solo hay comienzos:
~~sollozos~~
~~gemidos~~
~~golpes~~
~~dudas~~
~~insultos~~
~~burlas~~
~~puños~~
~~rabia~~
~~venganza~~
~~odio~~
~~dolor~~
~~heridas~~
~~lágrimas~~

AUTOESTIMA

En mí
estaba la vida y
la vida era y —siempre será—
mi propia vida
               porque míos son
               el reino
               el poder
               y la gloria.

LIBERTAD APARENTE

Me perfumo con la palabra
«LIBERTAD».
Aprendo su significado y
lo memorizo.

Quisiera tatuarme la palabra libertad y
oler a vuelo.

Quisiera arrancar de mi piel este olor a pájaro herido,
porque no soy víctima, sino YO.
No quiero andar por la vida vestida de difunta…
SOBREVIVIENTE.

Se hizo en mí
—al fin—
mi propia voluntad.

Vuelvo a oler a mí.
Vuelvo a tener nombre
                              aunque para ti,
                              ~~que prometí jamás nombrarte,~~
                              sigo sin tenerlo.

SOBRE LA AUTORA

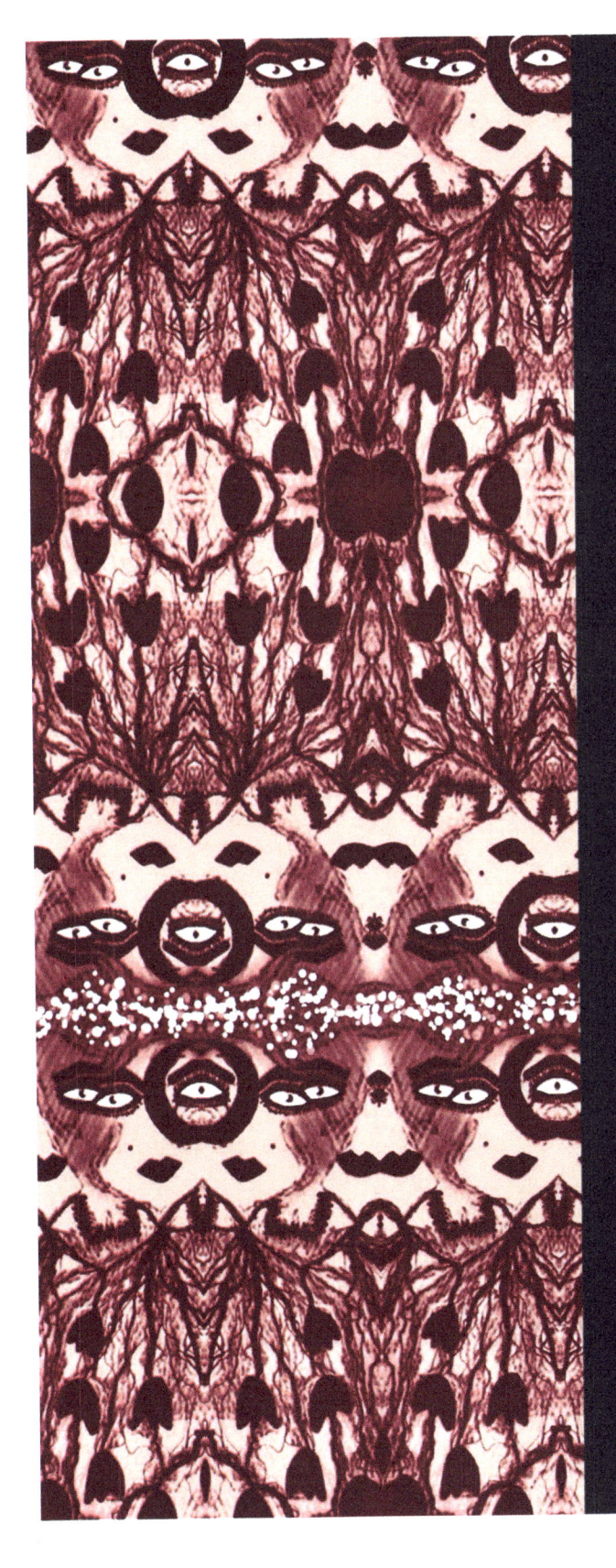

Porque todas mercemos sabernos vivas mañana y que nadie calle nuestros gritos con miedo, dinero o poder.

No seamos las verdades que callamos, sino las voces de salvación. Todas somos una.

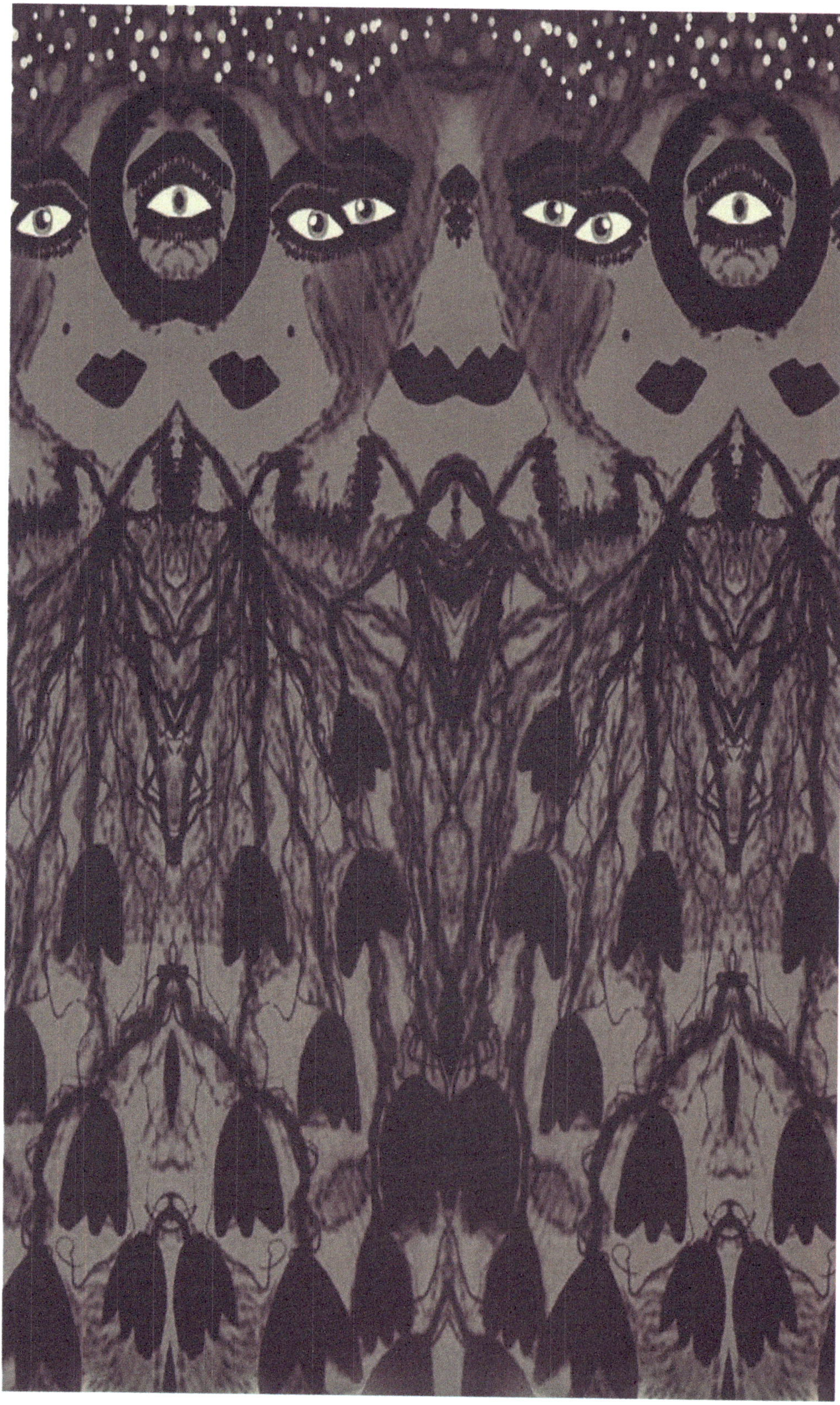

m. r. schwabe
— BIOGRAFÍA —

La poeta nació en San Juan, Puerto Rico el 17 de mayo de 1994.

En el 2016, se graduó summa cum laude de bachillerato en Ciencias Naturales y del Programa de Pre-Médica de la Universidad del Sagrado Corazón.

Posee también una certificación en Estudios Paralegales. En el 2022, completó una Maestría en Escritura Creativa en su alma máter, la Universidad del Sagrado Corazón.

m. r. schwabe

- BIOGRAFÍA -

Además, esta joven poeta tiene una doble titulación de Máster en Escritura & Narración Creativa y Máster en Redacción & Corrección de Estilos.

Fue parte de la Asociación Internacional de Poetas y Escritores Hispanos (AIPEH). En el 2012, participó en el Festival de Poesía "Grito de Mujer" celebrado en Humacao, Puerto Rico. Entre sus publicaciones en revistas científicas, es coautora, junto al Dr. Michel Woodbury Fariña, de «Laughter Yoga: Benefits of Mixing Laughter and Yoga».

Cuerpo de Batalla es el primer poemario de m. r. schwabe que pertenece a una trilogía de libros que gira en torno al ciclo de violencia en una relación de pareja.

La poeta busca con esta trilogía concienciar sobre la violencia de género y mostrar el perfil de la mujer maltratada para que de tal manera se exponga, mediante su fuerte crítica social, una sociedad que desampara a las mujeres maltratadas.

m. r. schwabe

- BIOGRAFÍA -

Su pasión por la poesía comienza a una muy temprana edad. Desde sus ocho años, m. r. schwabe empieza a descubrir el amor por la poesía gracias a su mamá y a su abuela Margot con quienes leía poemas diariamente. Su infancia estuvo llena de letras y pinceles los cuales hicieron que, desde muy niña, sintiera que las palabras tenían colores y vida propia.

La poeta cree que las palabras nacen, gatean, caminan, nadan, vuelan, caen y se levantan entre versos. Incluso, desde muy temprana edad ha sido fiel defensora de los derechos de las mujeres, de los niños y de las comunidades marginadas.

Así pues, nace el yo poético de m. r. schwabe, que se caracteriza por su férrea crítica social. Actualmente, m. r. schwabe se encuentra llevando a cabo una investigación sobre el Trastorno de Personalidad Narcisista y su impacto en la víctima en una relación de pareja.

m.r.schwabe

@mrschwabepoemas

@mrschwabepoemas

@mrschwabepoemas

EPÍLOGO

Este es el principio o el final de una guerra. Incluso, puede ser el comienzo de una nueva batalla u otra guerra. Hay tantas tropas caídas así como una esclavitud involuntaria. Esto es solo una pausa en esta guerra enamorada: eternos retornos.

Esclavitud (in)voluntaria

De las cicatrices de mi
piel,
nacen tus ganas de hacer
de mi cuerpo
tu parque de atracciones.

Tus manos de helado
acero tallan
su hogar en mí
y saludan la sed de mi
cuerpo
al reabrir heridas todavía
húmedas.

Tropas caídas

Entre sollozos,
nuestro cadáver se
calcina
sin fosa
ni nicho.

Esta segunda edición del poemario
Cuerpo de Batalla se terminó el
14 de junio de 2022.

AGRADECIMIENTOS

- A mi mamá, por enseñarme las palabras y a jugar con ellas. Infinitas gracias por llenar de libros de poesía mi vida y mostrarme que debo perseguir mis pasiones siempre. Le agradezco su amor y dedicación para siempre ayudarme a cumplir mis metas, como la publicación de *Cuerpo de Batalla*.
- A mi papá, por mostrarme que la gramática es divertida y apoyarme en todos mis sueños. Le doy las gracias por contagiarme su amor por la fotografía. A mi papá, le doy también las gracias por las noches largas de edición de mis dibujos desde pequeña.
- A mi abuela materna, Margot (que en paz descanse) quien me contagió su pasión por la lectura y la poesía.
- A mi mejor amiga y editora Zugeily Torres, dueña de Folks Editions, quien me ha demostrado que la amistad jamás tiene horario y que entre mujeres somos capaces de apoyarnos para crear nuevos horizontes. Le doy las gracias por la Primera Edición de *Cuerpo de Batalla*. A ella, le agradezco el apoyarme desde el comienzo.
- A Rosa Margarita, quien siempre me ha apoyado a luchar por todas mis convicciones y hacer mis sueños realidad.

AGRADECIMIENTOS

- A Enery, quien siempre me ha apoyado en defender las causas como la violencia de género y me ha dado una mano amiga incondicionalmente.
- A mi mejor amigo Juan Gabriel, quien siempre ha dicho presente cuando más le he necesitado.
- Al Prof. Richard Rivera-Cardona, a quien le doy las gracias por todo el apoyo para motivarme a publicar *Cuerpo de Batalla* y seguir escribiendo poesía. Ha sido un gran mentor al quien admiro profundamente.
- Al Prof. Ángel Ruiz Laboy, quien fue mi mentor en la Maestría de Escritura Creativa en la Universidad del Sagrado Corazón y me hizo amar las metáforas aún más. Le agradezco todo su apoyo y mentoría.
- A Mari y René, quienes han apoyado desde muy pequeña mi poesía, ilustraciones y cada paso de mi vida.
- A Milagros, quien siempre me ha enseñado tanto sobre la vida.
- A Joan, por ser una mujer guerrera quien siempre ha estado ahí para apoyar todos mis proyectos.
- A Titi Dally, quien ha apoyado mis versos y me ha ayudado a reencontrar mi amor por la pintura.
- Al Dr. Michel Woodbury, por todas las oportunidades que me ha brindado para trabajar con las comunidades marginadas y maltratadas. Le doy las gracias por enseñarme que para lograr grandes cambios hay que dar todo de sí.
- A mi profesor y mentor, el Dr. José Luis Quiñones (que en paz descanse) quien siempre me enseñó a confiar en mi voz y luchar por mis sueños.

DEDICATORIA

A todas las mujeres que se encuentran en el ciclo de violencia y quieren huir.

A todas las mujeres que han logrado escapar del ciclo de violencia y sobrevivir.

A todas las mujeres que vivieron el ciclo de violencia y no pudieron vivir para contarlo.

El poemario
Cuerpo de Batalla
va dedicado a ti.

Made in the USA
Columbia, SC
29 December 2022